献给为交通规划事业奉献心力的所有同仁

当时只道是寻常

交通运输部规划研究院记忆文集

《当时只道是寻常》编写组 主编

人民交通出版社股份有限公司
北京

图书在版编目（CIP）数据

当时只道是寻常：交通运输部规划研究院记忆文集 /《当时只道是寻常》编写组主编. —— 北京：人民交通出版社股份有限公司, 2020.12
 ISBN 978-7-114-16903-8

Ⅰ.①当… Ⅱ.①当… Ⅲ.①交通运输规划 – 研究院 – 中国 – 纪念文集 Ⅳ.①F502-242

中国版本图书馆CIP数据核字(2020)第201257号

Dangshi Zhidao shi Xunchang　　Jiaotong Yunshubu Guihua Yanjiuyuan Jiyi Wenji

书　　名：	当时只道是寻常——交通运输部规划研究院记忆文集
著 作 者：	《当时只道是寻常》编写组
责任编辑：	吴有铭　周　宇　牛家鸣
责任校对：	孙国靖　扈　婕
责任印制：	刘高彤
出　　版：	人民交通出版社股份有限公司
地　　址：	（100011）北京市朝阳区安定门外外馆斜街3号
网　　址：	http://www.ccpcl.com.cn
销售电话：	（010）59757973
总 经 销：	人民交通出版社股份有限公司发行部
经　　销：	各地新华书店
印　　刷：	北京雅昌艺术印刷有限公司
开　　本：	710×1000　1/16
印　　张：	21.5
字　　数：	221千
版　　次：	2020年12月　第1版
印　　次：	2020年12月　第1次印刷
书　　号：	ISBN 978-7-114-16903-8
定　　价：	128.00元

（有印刷、装订质量问题的图书由本公司负责调换）

序
Preface

不忘初心，交通先行。强国使命，规划引领。

岁月如弹指，一挥廿余年。1998年春天的故事，道出了规划院的前世。改革大潮下，规划院肩负起"服务政府，服务行业，做交通部的智囊团"之使命。从建院初期百余名职工，到如今三百余名人才；从公路、水运、通信安监、审核等业务起步，到现在涵盖综合交通、智慧交通、绿色交通、城市交通与现代物流等研究领域；从建院初期跋山涉水谋划"7918"国家高速公路网等重大建设规划，到当前谋划布局国家综合立体交通网；从当年自编程序计算，到近年来应用大数据等技术实现港口航道监测分析全覆盖。这背后，都离不开规划院人对行业发展的笃定坚持、对本职工作的努力进取、对精益求精的不懈追求……初心不改，这是来自历史的回响。

雄关路漫漫，正道是沧桑。站在新的历史起点上，唯有改革创新、攻坚克难、人才为本，才能实现"建设一流交通专业智库、一流特色科研国家队"之愿景。在交通大国向交通强国迈进的新长征路上，我们勇担规划引领、决策支撑、技术服务之重任。这其中，都离不开规划院人闯关夺隘披荆斩棘的勇气、舍我其谁啃硬骨头的担当、逢山开路遇水行船的干劲……继续前进，这是面向未来的宣言。

2019年，在开展"不忘初心、牢记使命"主题教育、推进振兴规划院三年行动计划中，按照院党委部署，院团委、工会举办了"初心使命"主题征文和访谈活动，用文字留下了一大批珍贵的记忆，这是规划院亲历者对过去的回望。团委、工会从征文中择选出一部分，成为本书的主体。此外，团委、工会又发动职工收集了部分曾经公开发表的纪实性报道。正值奋力抗击新冠肺炎疫情之际，团委、工会还组织开展了"以笔为援·共抗疫情"书法征集活动，从中选择出部分作品，也收录在本书中。

全书谨以"飞鸿踏雪""似水流年""十年一剑""铁马冰河""满园春色"五大章节呈现，囊括了回忆录、随笔、访谈录和诗词等各类文体。"飞鸿踏雪"力图展现规划院改革发展的历程，"似水流年"勾勒了部门成长壮大的轮廓，"十年一剑"留刻着科技创新攻关的印痕，"铁马冰河"饱含着个人爱院奋斗的真情，"满园春色"渲染了组织多姿多彩的文化。

许多看似平常的工作、生活情景,我们拥有时总会等闲视之,而一旦成为记忆,不免会发出"当时只道是寻常"的感叹!流年暗中偷换,岁月有着不动声色的力量。眼前的人事,转瞬即是明日最应珍惜的寻常。我们应珍惜当下,珍重眼前的寻常事。建设交通强国的号角已经吹起,我们正处在大有作为的时代,更需要全体交通规划人砥砺初心、不负韶华、倾情奉献,在寻常中书写不寻常的人生。希望本书的出版,能起到留住历史记忆、弘扬优良传统、激励后人奋进的作用。

东方破晓,海阔潮平。曙光新亮,隽永如斯。

交通运输部规划研究院党委书记

2020年4月

目录

壹 飞鸿踏雪

002 规划院的由来
　　赵伟

010 文明单位的背后
　　王志民

016 庞俊达：手执规划之笔，绘交通强国蓝图
　　庄妍、梁熙明

021 蒋千：不忘水运初心，不负规划使命
　　黄力、沈忱、薛天寒

030 关昌余：在人生的道路上执着前行
　　纪绪、崔姝、饶宗皓、王佳丽

038 张小文：忆往昔峥嵘岁月稠，看明日锦绣宏图傲
　　赵羽、罗诗屹、张越评

044 水调歌头·辉煌规划院
　　安旗林

CONTENTS

贰 似水流年

048 以水为师,凝心汇智
毛亚平、郝军、陈沫、孙瀚冰、方森松、李蕊、杨靓

058 王压帝:不忘初心,向上而生
刘影、刘晨、陈宇毅

064 公路所审核室发展历程
汪亚干、丽萌、岳福青

073 记水运所铿锵史
袁其军、刘长俭、黄力

084 安全所发展二十年历程
安全所集体

091 我们和战略所的故事
张越评

098 工程咨询室发展纪实
杨星

109 谭先林:守交通人初心,担中路港使命
刘溪

114 难以忘却的初心
林莉贤

目录 叁 十年一剑

- 128 数据背后的舞者
  信息所交调团队
- 136 传承与创新：港口规划技术数字化转型
  水运所实验室
- 144 长沙市机场大道改造工程建设缩影
  中路港长沙项目部
- 154 深耕大件运输许可服务，在平凡中绽放光彩、逐梦前行
  信息所大件运输团队
- 167 忆十年：峥嵘岁月，砥砺前行
  朱苍晖
- 173 《国家水上安全规划》编制纪实
  杨立波
- 183 徐志远：秉承创业初心，支撑数字转型
  林荣杰
- 192 做信息化引领交通强国的「追梦人」
  陈琨
- 199 不忘初心，再创辉煌
  李碧珠

肆 铁马冰河

202 格律诗三首
　　杨文银

204 你不是一个人在战斗
　　程金香

209 赵星：革命尚未成功，同志们还需努力
　　郑欣蕊、颜开

216 带着初心做件事：综合所大通道研究侧记
　　孙鹏

224 记忆深处的那些日子
　　杨爱国

234 杨文银：『老西藏精神』永远激励我
　　刘布阳

249 沈永木：奋斗的记忆，永远的征程
　　黄兴华、李佳儒

254 与规划院同行的这些年
　　邵洁

257 做绿色交通的护航员
　　韩兆兴

目录

伍 满园春色

266 规蜜
　　刘长俭

268 十年一剑，吹尽狂沙始到金——致我们的足球青春
　　汪忠、王洧、张晓光

280 『刘关张』的故事
　　凤翔鸣

283 返朴还淳，平心而论——记青年理论学习品牌『平心论』的发展历程
　　颜开

292 记全国青年岗位能手：谢燕
　　王人洁、高嘉蔚、高玉健

297 交通服务设施规划，助力阿坝全域旅游发展
　　程逸楠

302 国在山河虽微恙，藏羌坦途心连心
　　宋彬森

310 我的伴院成长手记
　　杨立波

318 以笔伐『疫』，共克时艰
　　唐国议

壹

飞鸿踏雪

fei
hong
ta
xue

1
规划院的由来

赵伟

我们院,诞生于1998年阳春三月。那会儿的正式名称是"交通部规划研究院",行业内都亲切地简称她为"规划院"。后来交通部于2008年3月23日更名为"交通运输部",咱们院的正式名称也跟着一块儿变更,就是现在的"交通运输部规划研究院"了。

我们院顺应时代发展要求而生。1998年3月4日,交通部印发《关于成立交通部规划研究院的通知》(交人劳发〔1998〕97号),诞生了咱们规划院。这个"出生证明"般的文件,是这么定位我们院的:"为深化部属事业单位机构改革,加强我国公路、水运交通事业发展战略研究和规划工作,进一步规范管理,经中央机构编制委员会办公室批准,决定成立交通部规划研究院,主要承担公路、水运交通规划和与规划有关的技术业务管理工作,适当承担其他与规划有关的委托业务。"文件同时明确了院的性质:"交通部规划研究院为部直属一级事业单位,正局级,经费性质为自收自支,经费来源为:实行项目经费制,即通过完成部下达的任务解决主要经费,辅以部分委托项目的收入。"

 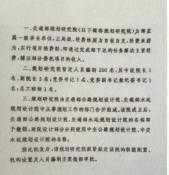 

交通部规划研究院成立的通知文件

按照当时交通部党组深化改革的总体思路,规划院脱胎于两家单位:由交通部公路规划设计院(简称"公规院")、交通部水运规划设计院(简称"水规院")中从事规划工作的部门合并组成。规划院成立后,交通部公路规划设计院、交通部水运规划设计院的名称即予撤销,两院设计部分分别使用中交公路规划设计院、中交水运规划设计院的名称,并入中国交通建设集团。

1998年3月24日,交通部党组和交通部分别下达交党任免〔1998〕12号文件和交任免〔1998〕19号文件,任命庞俊达同志为规划院党委书记、院长(正局级),任命王志民同志为党委副书记兼纪委书记（副局级），黄卫津同志、张剑飞同志为党委委员、副院长（副局级），蒋千同志为党委委员、副院长兼总工程师（副局级）。这五位老领导组成规划院第一任领导班子。

1998.6—2001.9院领导班子（从左至右：蒋千副院长兼总工程师、张剑飞副院长、黄卫津副院长、庞俊达院长兼党委书记、杨文银副院长、王志民党委副书记）

2001.9—2003.6院领导班子（从左至右：戴东昌副院长兼总工程师、蒋千副院长兼总工程师、王志民党委书记兼纪委书记、张剑飞院长、杨文银副院长、高原副院长）

1998年3月26日，交通部副部长胡希捷率部人劳司、计划司、机关党委等部门负责同志来到规划院，宣布交通部有关任免通知，并在讲话中表达了三方面意思：一是规划院的成立是改革的产物；二是任务重、责任大，是部的参谋部、智囊团；三是坚持改革，部门要团结，班子要团结。胡希捷同志的讲话，从部党组的角度清晰表明了规划院为部服务、为行业服务的成立初心，赋予了规划院作为部参谋部、智囊团的历史使命。

庞俊达老院长在2018年纪念建院20周年的有关采访活动上，回忆起建院的峥嵘岁月时指出，规划院的成立，其实还要追溯到1989年的全国交通工作会议。当时会上正式提出"三主一支持"交通基础设施建设长远规划，即建设公路主骨架、水运主通道、港站主枢纽和交通支持保障系统。在建设过程中，交通部愈发认识到规划的重要性，开始逐步筹备和酝酿成立独立的规划研究部门。1996年12月，交通部召开当年第二十九次党组会议，听取了关于公规院、水规院机构改革初步意见的情况汇报，委托副部长刘锷同志牵头研究拟订两院事企分开的改革方案。1997年4月，交通部召开第四次党组会议，原则同意公规院、水规院的机构改革和筹组交通部规划研究院方案的意见。1997年的7月24日，中央机构编制委员会办公室向交通部下发《关于交通部规划研究院机构编制的批复》（中编办字〔1997〕97号）文件，同意成立交通部规划研究院，撤销交通部公路规划设计院、交通部水运规划设计院。于是，在改革时代大背景下，规划院呱呱坠地。

当时，从公规院划出55名职工，从水规院划出96名职工，组成规划院最初的人员队伍。暂设4个职能部门、6个业务室，分别是办公室、技术业务处、人事教育处（党委办公室）、财务处，水运规划室、公路规划室、支持系统规划室、通信与安全监督室、审核室、交通部港口普查办公室（临时机构）。

那时，发轫之始的规划院，还没有自己的业务用房。成立之前，是暂借位于东城区国子监街28号的水规院办公楼后楼开展系列筹备工作；成立之后，又暂借位于东城区东四前炒面胡同33号的公规院旧办公楼办公。两年之后的2000年春天，位于惠新西街与北土城东路交叉路口东北角的通联大厦落成，其中8层至12层成为规划院业务用房，共5990平方米，这是规划院人第一个真正属于自己的家。2007年，经过十年发展壮大的规划院，经交通部批准又自筹资金购建了位于朝阳区曙光西里甲6号院时间国际小区的2号楼作为业务用房，于当年9月陆续搬入，成为院主体部分的办公地点。

前炒面胡同33号

通联大厦　　　　　　　　现办公地址

　　1998年我们的家底，按中交审计师事务所当年9月对规划院出具的验资报告所示，截至当年7月，院合计资产总额为584.9万余元，负债总额为288.4万余元，净资产为296.6万余元，其中实收资本为203.2万余元。

　　时光荏苒，从1998年到今天，是我国交通运输发展最快的黄金时期，从交通基础设施大规模建设到交通运输行业转型升级，再到新时代交通强国建设。搭乘着飞驰的交通运输发展快车前行的规划院，今天的事企人员已经达到365人，设置了5个内设机构、8个所属机构和1个下属公司，分别为办公室、党委办公室（纪委办）、人事教育处、财务处、科研发展处，综合运输研究所、公路所、水运所、安全所、环境资源所、信息所、城市交通与现代物流研究所、交通规划基础研究所，以及中路港（北京）工程技术有限公司。

第一版工作证

第二版工作证（沿用至今）

弹指一挥间，21年来规划院承担了部和行业千余项重大规划研究任务，不断引领着交通运输事业蓬勃发展。就拿成立之初的传统业务"三驾马车"来说，公路规划方面，让我们最引以为豪的是，经过规划院人三年研究攻关，于2004年正式发布的《国家高速公路网规划》，这是规划院成立后承担的第一个大型公路规划，也是我国第一个真正意义上的高速公路网规划，它的颁布使中国高速公路建设步入了历史上发展最快的时期；水运规划方面，2006年正式发布的《全国沿海港口布局规划》和2007年正式发布的《全国内河航道与港口布局规划》，全面服务于我国经济社会发展和人民生活水平提高；安全业务方面，2007年发布实施的《国家水上安全监管和救助系统布局规划》，规划院当年组建了50多人的课题组，几乎调动了院里当时三分之二的科研力量来完成这项重大课题，研究成果得到了业内外的一致认可，当年获得水运工程优秀咨询成果一等奖，有力推动了我国水上安全和救助事业飞速发展。而此后逐渐发展起来的综合运输、战略政策、绿色交通、数字信息、工程设计等新兴业务，也都不辱使命、秉承公心、奋力前行，取得了优异的工作成绩。

2020年是全面建成小康社会和"十三五"规划的收官之年，是实现第一个百年奋斗目标的决胜之年，是脱贫攻坚战的达标之年。历史的车轮又一次将我们带到改革、创新、发展的路口，站在这样一个时间节点回顾规划院成立的历史，是为了不管何时都不忘规划院的初心初衷；回首二十多载规划院的风雨历程，是为了无论何地都要牢记规划院的历史使命。

院党委书记杨文银在2019年7月1日给全院党员讲授党课时指出，规划院成立之初，就面临承担公益性任务和市场化生存这一主要矛盾。当时作为自收自支事业单位的规划院，由于部里有前期经费且一直向规划院倾斜，并且从市场上揽活并不困难，加上规划院那时只有一百多号人，生存压力并不大。但到了今天，部里的任务成倍增加且要求更高，而拨付的项目经费大幅减少，市场竞争愈加激烈，规划院的主要矛盾就更加突出，我们肩上的担子更重了。因此，我们要知重负重，以更加积极有为、改革创新的姿态面对矛盾、迎接挑战，抓住交通强国建设的机遇开拓新的局面。我们不仅要缓解主要矛盾，而且要朝着建设一流交通专业智库、一流特色科研国家队的目标方向前进。

"双一流"目标是新时代交通运输规划研究事业提出的新愿景。让我们不忘初心、牢记使命，更好地担当起国家交通规划研究和决策技术支撑的职责使命，为奋力推进交通强国建设而凝心聚力，为早日实现"两个一百年"目标和中华民族复兴的"中国梦"而努力奋斗！

2

文明单位的背后

王志民

大家都知道，我院于2009年1月被授予"全国文明单位"。这无疑是我院建院史上的一件大事。对于时任党委书记的我来说，当然是一件满意的事。退休虽然10多年了，现在回想起来仍然感触颇多。

2005年初，我院接到开展评比"全国文明单位"和"全国精神文明单位"的通知。交通部分配在京单位一个"全国文明单位"和若干"全国精神文明单位"名额。尽管明知竞争激烈，院领导班子经研究后还是申报了"全国文明单位"。

过了一段时间，交通部一位处级干部给我打来电话，想让我们重新申报，把

文明单位牌匾

"全国文明单位"改为"全国精神文明单位"。理由是，开展部级"精神文明单位"评比工作已7年，有的在京单位连续7年都评上了，而我院只评了3次。为此，我向他解释：我院满足了"不少于3次"的基本要求，应该不影响评比，以次数多少做决定不太合适。我们两人各执己见，互不相让，电话打了有一个多小时。他甚至说，能评上"全国精神文明单位"对于你党委书记来说，已经是很好了。我则坚持一定申报"全国文明单位"，它更能体现规划院党政的共同努力和业绩。最后，他只好无奈地说："我只能矛盾上交，让司长们去定了。"我说："你最好矛盾上交。"

整个评比过程我一无所知，不过我提前知道了评比结果。那次各单位党委书记在一起开会，中间休息时有几个书记议论说文明单位评出来了，是规划院。我在旁边听到了，自然喜出望外。

其实，我们是有这个信心的。现在想来，当时的申报材料具体已记不清了，不过至少有三个方面可以回味。

第一，完成任务，且成绩出色。我理解，交通部组建规划院的初衷，就是希望这个单位能够承担引领交通发展的重大项目，走在交通发展的前面，对敏感问题作出快速反应。我院每年都较好地完成了规划研究任务，特别是重大研究项目，一直以来得到交通部的充分肯定。

我记得有一次参加院公路所的年终工作总结时，即席发言，用8个字概括全所的特点："人少事多，人多事少"。"人少事多"是说每年的任务量都很大，干活的人比较少；"人多事少"是指人员相对较多，但扯皮的事情少，相互间的矛盾少。其实全院何尝不是如此呢？记得院成立之初仅有150多人，每年都有几十个、上百个项目，有的项目甚至是涉及全国大局的事。大家加班加点是家常便饭，我也养成了每天晚1个小时下班的习惯，虽然不一定有事干，有时也到业务室转一转。记得有一年夏天，大约下午6点，我转到公路审核室，看到时任室主任陈胜营（也就是现在的院长）一个人在十几平方米的小房间里，坐在破旧的办公桌前，没有空调，风扇开得很大，直吹到身上。他头上淌着汗，脸红红的，看着桌子上摊着的各种资料，只顾思考，忘掉一切的样子。我举这个例子，绝不是因为他现在当了院长，而是因为印象太深刻了，虽已过了20年，现在想起来仍历历在目。我也曾随业务人员出差，见过他们现场工作的情况，一般都是白天调研，晚上归纳整理，或一块儿分析研究，基本不会在晚上12点以前休息。除了实干，院采取多种措施加强建设，比如，积极引进人才，组织业务培训，加强业务交流。不仅开展了院内的交流，还开展了与高校、与国际间的交流，使我院在传统规划项目上始终占据着专业技术的制高点，而且开拓出收费公路研究、战略研究、交通信息、交通环保等多个新领域。当时提出"服务政府，服务行业，做交通部的智囊团"，我们幸不辱命。不惜一切把活儿干好是我院的立院之本。

第二，保持稳定，且相当稳定。建院以来连续8年没有违法违纪，连续8年没有告状信，连续8年院党委被评为先进基层党组织。没有违法违纪，说明一个单位没有出现大的问题。长期不出问题并

2002年王志民（左三）在新疆调研

不容易。这里所说的告状信，是指向上级反映单位和个人问题的信。据我所知，一个单位能做到一两年没有告状信都不容易。有的单位问题和矛盾较多，一周就会有几封，而且会持续很长时间。

领导班子是一个单位稳定的压舱石。截至2005年，院党委已连续4次（交通部评比先进基层党组织是每两年一次）被评为在京单位唯一一家作为党委级的先进基层党组织。现在回想起来，班子心齐风正，有干劲，有魄力，勇于改革创新，办事效率高。尤其是团结和廉洁方面，堪为表率。

我先后配合过四任院长，相处得都很好。我积极维护他们的威信和领导地位，像迟到早退、会场秩序、提前就餐、办公室吸烟等琐碎小事，我本可以不直接出面，但我考虑，他们年轻，工作时间还长，得罪人的事我可以多做点儿。他们也很支持我的工作，有时我很感动。

在廉洁方面，我院多次受到部领导、驻部纪检组和部人劳司、机关党委的表扬。院领导班子经常统一认识，不把票子、车子、房子等涉及个人利益的事看得太重。所以，在奖金、福利等问题上，都尽量把差距缩小。班子成员自我要求都比较严。记得高原副院长曾被聘为宁波港独立董事，并且得到二三万元的报酬，他把钱如数上交。其他院领导也都有把额外报酬和较贵重礼品退回、上交的情况。我想重点说一说公务用车。建院之初，我院定的原则是"走社会化服务的路子"。院领导上下班没有公车接送，有的乘公交车，有的骑自行车，有的步行。当时一个正局级单位能做到这一点的，少之又少。我到过一个地级市的交通局，下设若干处（实际是科级），其副处长都有专车，比自家的车用着都方便。局级领导干部有车坐，在当时看来似乎顺理成章，其实不然。2000年，我曾担任过交通部"三讲"巡视组组长，负责4个正局级单位的"三讲"教育。在这几个单位听取群众意见时，领导干部用车都是反映突出的问题之一。领导干部自我要求严一点，可以拉近与群众之间的距离。

能够反映我院领导班子建设成就的，还有领导干部提拔情况。从2001年到2006年这5年间，我院共提拔正局级领导干部6名，副局级领导干部4+1名（有一名虽然是调部机关后提拔的，但调的时候就说要提拔），向院外输送正局级领导干部5名。有2名已经提拔到省、部级。

第三，实现发展，且是跨越式发展。我清楚地记得，在我卸任的那一天，翁孟勇副部长来宣布我免职时，我曾经讲，经过10年的发展，与建院之初相比，到款翻了两番多一点，人均收入翻了两番多一点，办公用房翻了两番多一点。10年翻两番已经很可观了，还多一点。而且这三个"多一点"，不仅留有余地，还留下了想象的空间。

建院的第一年，我院是借钱过日子的。年核算产值1890万元，人均年收入3.5万元。办公用房也是借的，不到2000平方米。在那段时间里，我们确实有过困扰。记得有一次下班，和一位来院一年的新同事同行，边走边聊。他谈到，同期就业的大学生，搞计算机的月薪5000多元。我知道，他是参加工作的第一年，肯定拿不到院的平均数，差距显而易见。我只能安慰两句，说我院会好起来的。但什么时候好起来，好到什么程度，我也说不清。这就是当时的实际情况，造成了人心不稳，人才流失。第一年就跑掉了9名技术骨干。2000年，我院在交通系统率先进行了人事制度改革，中层干部公开竞聘，全员竞争上岗，强调了每个人的价值存在和公平理念，加上加强文化建设和思想政治工作，有力地调动了大家的积极性。此后，全院产值每年都上一个大的台阶，实现了跨越式发展。原来调走的那几个人中，还有要求调回来的。

我退休时把所有资料连同电脑一并移交给了继任者，加之10多年没有动手写东西，脑子已锈蚀，因而材料写得凌乱。不过作为我院从白手起家到不断繁荣的见证者，我还是非常愿意回顾这段历史的。当然，我退休后的10多年，院有了更大的发展。我衷心希望这些历史能够成为激励院不断前进的动力。

3

庞俊达：手执规划之笔，绘交通强国蓝图

庄妍、梁熙明

一场及时的大雨，给闷热的北京带来丝丝凉爽。经济发展，交通先行，而交通先行需要规划引领。随着交通基础设施建设的大幕拉开，规划院的诞生也似及时雨般恰逢其时。

2019年7月29日上午9时，在交通运输部规划研究院职工之家，首任院长兼党委书记庞俊达接受《中国交通报》两位记者的采访。庞俊达回忆起20多年前筹备组建规划院时的情景，一下打开了思绪的大门。

忆昨天，破解困难打开局面

我是规划院第一任院长，但是真正任职的时间并不长，只有三年半，主要负责建院前的筹建工作和建院初期的起步工作。

最初，规划院是由交通部公路规划设计院、交通部水运规划

设计院中从事规划工作的部门成建制合并组成，其主要目的是进一步深化部属事业单位的机构改革，加强我国公路、水运交通事业发展战略研究和规划工作，其主要任务是承担公路、水运交通规划和与规划有关的技术业务管理工作，并适当承担其他与规划有关的委托业务。

1989年的全国交通工作会议，对我国公路、水运交通事业发展战略研究和规划工作的发展历程是一个十分重要的时间节点。当时，会上正式提出了"三主一支持"交通基础设施建设长远规划，即建设公路主骨架、水运主通道、港站主枢纽和交通支持保障系统。在规划、实施"三主一支持"的过程中，规划工作的管理日益规范，改变了过去"规划规划墙上挂挂"的局面，对建设真正起到了统筹、指导和促进作用。交通部和全国交通系统愈发认识到规划工作的重要性，规划工作的队伍也日益增强。在这个过程中，规划院的建立也在不断酝酿之中。

惟变所出，万变不从。规划院就是改革的产物。1998年3月10日，九届全国人大一次会议审议通过《关于国务院机构改革方案的决定》，明确指出改革的原则是转变政府职能、政企分开。1998年4月，交通部组建规划院的重要考虑之一就是政企分开之后，设计单位要推向市场，从事业单位转为企业。而交通部作为政府机构需要保留一个直接为政府、为行业服务，主要从事规划工作的事业单位。也就是说，规划院的主要任务是当好交通部的智囊团，这就是成立规划院的初心。

规划院的筹建工作不是一帆风顺，而是遇到了许多困难。规划院是由公规院和水规院中从事规划工作的部门成建制合并组成的，在筹建阶段和成立初期，在人事安排、规章制度、工作安排等方面必然面临大量深入细致的协调工作。再加上当时有些同志对成立规划院不够理解，不够支持，更增大了筹建工作的难度。当时，规划院面临的是一无办公用房、二无技术资料、三无咨询资质、四无银行账户的"四无"局面。办公用房，开始阶段是分散办公，就是一个院，包括领导班子和职能部门分散在各自原来的地方办公，要开个会连会议室都找不着。为保障技术资料的系统性和完整性，以往所有的技术资料都保留在公规院和水规院，使用时还要办理跨单位的借阅手续。规划院原本是一个技术咨询单位，开展工作特别是承担与规划有关的委托业务需要相关的咨询资质，本来以为交通部专门发了部文、与有关主管单位也进行了充分的沟通协调，资质办理应该比较顺利，没想到由于某些人为的因素硬是拖了好久才办下来。

虽然筹建阶段和建院初期困难重重，但好在当时的筹建小组（由公规院和水规院各两位领导组成）和规划院的第一届领导班子具有较强的事业心和责任感，相互理解、相互支持、团结一致，做了大量工作，使得规划院的筹建和初创得以顺利进行。

筹建完成后，院领导班子的工作重心转向以当好交通部智囊团为主要目标的各项技术业务工作，同时开展了一些改革工作。在干部任用方面强调竞聘制，在分配制度方面强调多劳多得，在人才培养方面鼓励年轻人工作创新。

说明天，不忘初心和使命

我于1964年参加工作，退休以后还一直关注着我国交通运输事业，并参加一些力所能及的技术业务工作，可以说从事了一辈子的交通运输事业，其中大部分从事的是交通运输规划及其相关的管理工作。

我的本专业是公路，对于改革开放以来我国公路、桥梁、隧道建设所取得的巨大成就深感骄傲，对于其发展速度之快也是当初从来没有想到的。1981年国家派我去美国进修两年，在美国不开车不行，我在美国取得了驾照，据说当时回国后可以转为国内驾照，但我没申请。为什么，因为当时绝对想不到我这一辈子还可以在国内高速公路上开自己的车，而实际上这个当年还认为绝

20世纪90年代初，庞俊达（左三）、陈胜营（左一）等在澳大利亚堪培拉合影

对不可能的事情早已成为现实了!

如今,20多岁的规划院还是个年轻人,能够与交通运输行业同呼吸、共命运,当好政府和行业的智囊团,是组建规划院的初心,也是我们规划院一代又一代人的历史使命。对全国交通运输事业具有重大影响的规划工作并不是经常有机会遇到的,这是我们的幸运,也是我们的责任。

对于规划院的年轻人,不忘初心、牢记使命的具体体现,就是要把规划工作当作自己一辈子的事业,而不是仅仅作为谋生的一种职业。就我55年来的工作体会,事业与职业虽然仅仅一字之差,但对一个人一辈子的影响可就天差地别。真正把自己的工作作为一辈子的事业来对待,就会主动积极地去关心和积累资料,就会不断发现和思考问题,就会努力去研究解决问题的思路和方法,为我国的交通运输事业做出积极的贡献。

《中国交通报》记者 庄妍 实习记者 梁熙明 执笔

4
蒋千：不忘水运初心，不负规划使命
黄力、沈忱、薛天寒

21年前，交通部规划研究院在时代潮流中应运而生，而规划院的水运记忆在更早的时候就已经开始孕育。从曾经的港口主枢纽、水运主通道，到现在的全国沿海港口布局、全国内河航道与港口布局，一代代水运人紧扣时代脉搏，继往开来，笃实创新。

访谈之日恰逢蒋千（左五）70周岁生日，朱鲁存副院长（左四）、毛亚平所长（右四）、院团委副书记黄力（左二）等准备了鲜花致敬献礼

时值中华人民共和国成立70周年之际，水运所邀请交通运输部原总工程师、规划院原副院长兼总工程师蒋千来院访谈，回顾规划院的优良传统，追溯水运人的规划历程，激励青年一辈的实干创业精神。

筚路蓝缕，难掩赤心

"成立的起因是当时整个国家的机构改革，我们的职责是为政府服务。"

组建为政府做咨询的专业机构是世界各国的普遍经验做法，1998年，在国家机构改革的大背景下，成立规划院也是我国交通主管部门和交通运输行业顺势而为的选择。为契合推动综合运输发展的大背景，强化交通运输行业的顶层设计，交通部将水规院、公规院的规划和审核职能划分出来成立了规划院，以期为我国的综合运输规划提供更专业、更广阔的发展平台，服务行业的重大决策，以交通规划之力改善民生。

"我们以前都是迎着困难上，全力解决问题。"

任何一个机构成立初期都有一段摸索期。"水运室最早只有四十多人，人虽少，但所有员工都很精干。"蒋千回忆道。成立初时，所里很多人都是搞工程技术出身的，对宏观规划并不十分在行，创业初期充满挑战、艰苦非常。蒋千感慨："我们国家新机构成立之初都是很玩儿命的，个个沉得下气、钻得进去，一片赤心献给国家、献给人民,不畏艰难,积极探索。"

说起水运所的行业成就,大家不约而同地想到国务院批复的《全国沿海港口布局规划》和《全国内河航道与港口布局规划》这两大对行业影响深远的规划。"但两个大项目都不是建院以后才有的项目,实际上我们在建院前就做了很多开创性的工作,这都是两大规划的前置和基础。"蒋千认为,水运规划最早也是最大的挑战其实是在1993年,时值邓小平南方谈话以后,伴随着我国经济社会的蓬勃发展,水运进入了大发展时期,运输需求旺盛,但市场相对无序混乱,当时最为突出的问题就是能力与需求之间的巨大差距。面对这样的大环境,水运人不得不迎着困难、求解问题。"当务之急就是怎么样把有限的投资放到解决最关键的问题上来,突出重点、集中精力解决大事。"这也就是规划所要解决的问题,什么是重点?怎么样解决大事?

"在规划体系的建立过程中,我们做了很多探索,有两个值得一提的突破:第一是深度剖析了经济和交通、港口的关系,第二是我们探索并成功实践了用数学方法来破解规划工作中的难题。"

在这样的大背景下,老一辈水运人开展了全国港口主枢纽和水运主通道的规划工作。蒋千认为,这项研究取得了两个重大突破:

一是解决了经济和交通港口水运的关系问题。那时候没有现在常用的相关分析、弹性系数等模型来预测经济发展前景,老同志的工作也主要集中在产运销平衡测算上。如何用科学方法从国内外宏观大形势、中国在国际市场的地位等方面去考虑经济发展的前景问题，是当时的一大难点。"那时候真是要突破传统观念、摆脱老的计划经济色彩，是件很不容易的事。"蒋千回忆道。

二是通过引入层次分析法和聚类分析法量化对事物的认识。"到底谁是主枢纽？城市依托怎么样？港口的条件怎么样等等问题是概念性的，怎样用数学的方法来解决它、量化它，能产生比较效果，这是我们当时的一个突破。"蒋千告诉我们，这项成果获得了交通部科技成果二等奖。在软科学不受重视的当年，这是规划工作获得认可的一个重大突破。

正是这些积累，为水运所成立后的各项工作打下了坚实的研究基础，也使得后续的研究更具有跨行业的影响意义。

从无到有，继往开来

"最具有挑战性的工作是最有意思的，而且最能启发激发大家的思考能力。"

改革开放以后，全国港口高速发展，运输需求巨大，尤其是广东省，毗邻香港，发展速度很快。当时广东省对港航业发展思路尚不清晰，是否要发展集装箱干线港？如何保持香港的繁荣稳定？甚至有很多人唱衰广州港，认为有了深圳、香港等港口，广州港的作用有限。针对这些问题，蒋千提出，广东省现在要解决外贸运输和能源运输两大问题。这条思想被地方政府和交通部采纳。

"我们那时候带了十几个人,全部是年轻队伍。在广东一待就是三个月,天天跑企业,把珠三角的各类企业全部跑了个遍。"通过深入的实地调研,课题组发现外贸统计和实际运输之间存在差距。在充分与海关沟通、基于调研分析的基础上,课题组最后将广东省的外贸分成了服装、家具、陶瓷等八大类,将八大类的进口价值和出口价值都算上,实现外贸量与货物量的统计挂钩。

蒋千告诉我们,那时候陆上运输全是厢式货车,集装箱车辆很少。"20世纪90年代初,上海等地基本都是将货物运到日本、韩国再装箱,珠三角也是大量将货物运到香港去拼装箱,所以内地只是个生产基地,就是他们所谓的'前店后厂'中的厂。"课题组对今后能不能成箱、怎么成箱和多大货值成箱做了非常详细、深入的研究,最后提出了现在依然广泛应用的集装箱生成系数法,目前集装箱生成量、吞吐量预测都是以这个方法为基础。珠江三角洲地区港口布局规划另一个亟待解决的问题是集装箱生成这么多怎么运。针对集装箱有别于传统能源运输的国际航运规则和港口服务水平要求,最后创造性地选择了网络规划方法进行研究,这是第一次把网络规划方法应用到港口规划中来。传统网络规划方法在港口规划上存在很多不适应性,必须进行改进,通过系统方法优化和深入论证,最后结论是深圳应作为集装箱干线港。

这个结果一直沿用到现在，深圳仍然是全国的集装箱干线港。

"当时我们预测2000年深圳港有八百万集装箱吞吐量没人信，很多人质疑，你们预测得这么高吗？最后预测全部实现了。我们当时规划广州港应仍然发挥它的大宗物资转运和枢纽作用，这样把广州港唱衰的这个调子也去掉了。我们当时觉得深圳是一个是集装箱干线港，当时要求也要保持香港的繁荣稳定，所以我们还是在规划中把香港作为一个运输中心，现在看来也实现了。"

"最具有挑战性的工作是最有意思的，而且最能启发激发大家的思考能力。"后来，区域性的水运规划还推广到了长三角、环渤海，并一步一步形成了煤炭、矿石、原油、集装箱这四大货类等运输系统。

"规划的科学性，不是靠拍脑袋，是概念性工作，是一笔一笔算出来的。"

"我们国家的内河航道有着非常好的自然条件，所以在改革开放初期，起步非常快，那会儿看长江和京杭运河里头，密布着船，都是个体经济百十来吨的小船，真的是百舸争流，但一动就都堵上了。我们都说，内河运输的优势其实是运量大、能耗低、排放少，但是一旦堵航严重，在时间成本的影响下，其他方面的优势就没有那么突出了。那怎么去解决这个问题呢？"

内河运输里，是不是船越大越经济，越能体现规模经济？什么样等级的航道能发挥最高的效益？针对这些问题，当时的航道室做了很多分析。第一个是研究水运在综合运输中的比较优势，分析了公路、铁路、水运三种运输方式在不同货类、不同距离范围、不同等级下的竞争力水平分析，最后综合提出了千吨级航道网的概念，在此基础上提出了国家高等级航道网的概念（最早期的"两横一纵两网十八线"），不仅解决了大宗能源运输的问题，还对集装箱的需求做出了提前布局，谋划了12条集装箱快速通道，发展到现在也是得到运量的认证。第二个就是突出了水资源的综合利用，这在当时也是很超前的理念，发展到现在，正好跟我们生态优先、绿色发展的要求不谋而合。

站在崭新的历史阶段，老一代规划院人所做的工作被历史和实践证明是科学合理的。这当然离不开建院之初前辈们躬体力行、迎难而上的精神，更离不开他们开拓创新的勇气和对行业的热爱。

谨守初心，未来可期

"我们的交通基础设施只是基础设施，它一定是为整个社会经济发展服务，一定不能为规划而规划，要为了满足经济社会需求去做规划，这是我们的出发点和初心。"

党的十九大的召开宣告了中国特色社会主义进入新时代。接过前辈的规划使命，面对强国的历史担当，新一代规划院人将面临更加复杂、更加深刻、更加严峻的问题，作为水运规划的前辈，蒋千给我们提出三点建议：

一是转变传统观念，以全球视野看待问题。"我觉得现在的挑战不比以前少，以前是红军穿草鞋一股劲怎么走到延安，现在我们这么好的基础设施怎么去适应我们国际国内形势变化，可能有更深刻的问题要我们去解决。"蒋千说，"要依靠而不依赖老一辈的经验，要面向全球、拥有胸怀世界，在全球化背景下思考怎样去引导水运发展。"

二是助力高质量发展，兼顾生态文明建设。"高质量就是有建有退有改变。"体现在水运上有两个重点的方向：生态可持续和自动化建设。"我觉得以前我们最大的挑战是论证新港址，怎么样找一个更好的、更有发展前景的港口。现在是我们怎么样利用现在的资源环境，怎么样跟生态环境、跟整个的城市发展、跟我们的国家绿色发展结合起来，进一步推动水运发展。"蒋千说，"另外就是运输本身高质量的需求，我们国家的港口自动化在国际市场都非常先进，这种对于人力资源的节约，货物的精准运输，都是高质量的一个发展方向。"

三是改变规划理念，顺应时代发展。深入研究国家战略对交通运输的要求，如京津冀协同发展、长三角一体化、粤港澳大湾区发展等。现代水运规划应在这个科技飞速发展的时代，利用更加先进的科学技术手段，推动规划向更合理、更精细、更科学的方向发展，在智能化、港口自动化、新能源利用等方面不断取得突破。蒋千认为，新时期下应该放开眼界，充分运用现代科技。

"规划不是一个方法、一个理论、一个领导讲话就能决定的,它是具有深厚的积累和技术经济论证工作。"规划院作为一个独立的研究机构,更应充分发挥主观能动性,从大局上提前思考,主动谋划,提出适应时代发展的规划建议。

采访最后,蒋千寄语水运所的年轻人:"对于我们交通来说,改革开放的40年其实是规划领衔、科技创新的40年。时代发展给了你们年轻人更好的平台,你们一定要敢于创新,一定要用新思维去解决不断面临着的更艰巨的任务。希望我们的规划院不要落伍,永远坚持创新进取!"

5
关昌余：在人生的道路上执着前行

纪绪、崔姝、饶宗皓、王佳丽

2019年7月盛夏的午后，我们见到了规划院原副院长兼总工程师关昌余。退休后的关院长仍在为祖国的交通事业日夜奔波，依旧是那么神采奕奕。关院长亲切招呼着大家，询问每个人的工作和生活近况，气氛温馨融洽。我们与关院长相对而坐，聆听关院长以及那些属于规划院的独家记忆……

规划院的成立与人生两次重大转型

1984年12月，关昌余副院长从哈尔滨建筑工程学院城建系道路工程专业硕士毕业后，来到交通部公路规划设计院工作。在此期间，他经历了第一次重大转型。他在参加工作的三个月后就参与了我国大陆兴建最早的一条高速公路——沈大高速公路的设计，从学生时期的专业路面结构力学成功转型为勘察设计，其中艰辛不可胜言。但是关院长回忆起那段时光，只提及"感觉非常值得，令我收获了很多技能与学习的方法，并且培养了我一丝不苟的认真态度"。

关院长人生的第二次转型与规划院的成立息息相关。1998年，国家推进市场经济改革，一方面是将勘察设计等可以通过市场机制进行资源配置的、同时具有经济效益的业务分离出去，交给市场；另一方面就是为提高政府在行业发展决策中的战略性和科学性，需要成立专门从事行业发展战略、发展规划研究的机构，切实加强相关规划政策的研究。在这样的大背景下，1998年3月，交通部规划研究院成立，成立的初心是"为中国交通事业科学发展贡献智慧和方案"，使命是"做交通部的智囊团，做行业发展的知识库"。

2002年7月，关昌余（左二）、金敬东（左一）等在新疆南疆调研合影

规划院成立之时，关院长已经担任交通部公路规划设计院分管勘察设计的副总工程师。对于继续留在设计院从事勘察设计工作，还是选择规划院投身规划领域，关院长也曾犹豫不决。他回忆道："选择未来的去向还是很难的。"设计与规划有着明显区别：搞设计就要求遵照规范，不能有超出规范要求的创新；而搞规划则要求大胆创新，敢于提出新的研究思路和方法。最终，关院长选择了规划院，选择了"二次创业"，选择了再一次迎接挑战。为了做好规划研究工作，关院长自己联系去日本留学。1999年5月，他前往日本琦玉大学研究道路工程经济，跟随在世界银行工作过的导师，以世界银行开发的道路养护模型（HDM）为基础，研究工程经济和投资决策。2000年进修结束之际，导师非常希望他能留在日本，但是他始终牢记规划院成立的初心和使命——"为中国交通事业科学发展贡献智慧和方案，做交通部的智囊团，做行业发展的知识库"，进修结束后毅然回国，并且在之后十几年的工作中，一直以实际行动践行着这份初心和使命，为我国的公路交通事业发展贡献自己的智慧和力量。

最值得骄傲的《国家高速公路网规划》

提及《国家高速公路网规划》（以下简称《国高》），关院长说这类重大项目是一生都很难遇到的机会，在整个研究过程中有两方面印象最深：一是使命感和荣誉感，二是创新。

关昌余（右一）、石良清（左一）在巴基斯坦调研合影

  关院长主动请缨做《国高》的项目负责人。在接受任务时，关院长心里其实也没底，压力也很大。但想到这是对社会有益的事，是对中国交通事业有重大意义的项目，作为规划院人，强大的使命感、勇于担当、不断创新的精神品格使他坚定了一定要做好的信念。

  研究过程中的困难无处不在。此前已经有了国道主干线和重点公路规划，最大的难点是如何摆脱以往规划的束缚，真正从未来需求角度创新布局方法。经过深入分析与反复讨论，项目组最终决定以城市作为控制节点，提出了以连接全国所有城市人口在20万人以上的城市作为基本节点，逐层展开的布局方法。为了使规划布局方法及布局效果能被更好地理解，关院长亲自设计并找专业的动画公司制作分层布局效果图。过度劳累使关院长得了胃溃疡，导致胃出血。值得欣慰的是，关院长敬业奉献的精神和辛勤付出的工作态度得到了回报——在评审过程中，规划布局思路和方案受到了广泛的好评。

问及在整个规划研究过程中是否有过动摇，关院长坚定地回答："虽然几乎每一天都会遇到困难，都可能看不清未来的路，但是我始终坚信一点，那就是路总会走通。只要我们目标明确、信念坚定，一定能克服困难，最终取得成功！"正是规划院人具有这种为国家交通事业奋发有为、追求卓越的优秀品格，才使得规划院能在二十余年的发展中勇攀高峰、不断践行初心和使命。

后来《国高》召开新闻发布会，关院长坐在台下心情激动，不仅是因为自己投入精力做出的规划能够被认可、被肯定，更因为想到若干年后，当国家高速公路网全部形成，那时一定能更加切身感受到高速公路网所发挥的巨大作用。

汶川地震：一段沉重的回忆，一份坚定的责任感

提到在规划院工作中印象最深刻的事，关院长的表情变得有些凝重。"对汶川地震的印象还是非常深的。"他说。

2008年5月11日，地震前一天。关院长原计划和院内其他几位同事飞往成都调研映秀至四姑娘山公路改建工程施工情况，因为偶然情况才临时退票未能成行。"算算时间，如果去了，12号中午我们应该刚好经过映秀镇，而且就在那条震后被填埋了四十几

米高的路上,差一点就进去出不来了。"

震后第三天,交通运输部派给了关院长一个艰巨的任务:去央视当客座专家,为观众讲解灾区公路的抢通情况。在几乎没有任何前方反馈信息的情况下,关院长凭借自己曾经多次前往四川实地调研的丰富经验,为观众准确而详细地解读了灾区路网现状以及抢通进程。

震后第九天,交通运输部派出四个调研组赴灾区调研。关院长带领第四调研组,赴南线的都江堰、映秀、彭州、什邡、绵竹、安县,考察了国道213线、省道105线等受损路线。"去之前,我觉得已经对灾区震后的情形有了大概的了解,可是当我进入灾区的那一刻,眼前的惨状还是令人震惊。"回忆当年情境,关院长仍感触目惊心,"整个映秀,天崩地裂。当初翠绿秀美的高山一半直接崩塌,裸露出黄色的土层和岩石。坍塌的房屋、被人抬着的尸体随处可见。"

为了能顺利开展灾后重建规划,四个调研组几乎到过灾区的每条路、每座桥,充分了解道路灾损情况。日夜兼程,路过山体坡脚时常有坍塌落石,调研的艰苦程度和危险性可想而知。"落石比较严重,我们坐车都得特别小心,危险路段看好了没有落石就让一辆车快速通过,其他车等候,如果一起通过,遇有塌方落石躲都没法躲。"

在汶川地震灾后公路恢复重建规划的推进过程中,关院长带领课题组多次讨论,积极学习借鉴国外先进经验,将"生命线公

关昌余在映秀震中位置

路"的新理念第一次引入到了灾后重建规划中；同时，结合调研情况扎实做好资金测算，力争把有限的资金花在刀刃上。关院长和各位规划院人严谨求实、艰苦奋斗，为推进汶川地震灾后公路恢复重建贡献了自己的力量。该规划得到了部领导的高度赞扬，成为指引灾区公路重建的重要依据。

谈到汶川地震时的这段经历给自己最深的触动，关院长没有提做客央视时的压力、调研时的艰苦、做规划时遇到的种种难题，而是感慨地说："汶川地震是一个比较沉重的回忆，人类在大自然面前不堪一击，显得特别渺小。人和人之间真的应该多一些关爱、少一些争斗。"

热情、奉献、严谨、求实

在问到可以用哪几个词汇来形容规划院人时,关院长思考了一下:"我想用以下八个字来形容——热情、奉献、严谨、求实。"他向我们解释:"热情,就是热爱自己的本职工作,对待行业发展遇到的问题和挑战具有解决问题的热情;奉献,就是将全部精力用于工作和课题研究,为交通行业的发展奉献自己的一生;严谨,就是在工作和研究中,不放过任何小的问题,孜孜不倦、追求卓越;求实,就是脚踏实地,踏踏实实工作,老老实实做人。"

关院长无私的分享让我们看到老一辈规划院人的精神风貌,也了解了经历21年风雨,规划院总能勇攀高峰的原因所在,那就是:不忘初心,用热情的态度解决行业发展遇到的问题和挑战,为交通行业的发展甘愿奉献自己的一生;牢记使命,保持严谨的工作态度认真对待每一个任务,追求高标准;同时坚定求实精神,在平凡的岗位上踏踏实实做事、老老实实做人。我们想,这既是老一辈规划院人的优良品质,也是关院长对我们这些规划院后辈的殷切期望。

其实,作为年轻的规划院人需要传承的并不是总结出来的几句口号,而是一份执着与信念,就像关昌余副院长一样,真心热爱交通事业,并坚定地为之一直追寻、奋斗下去。

6

张小文：忆往昔峥嵘岁月稠，看明日锦绣宏图傲

赵羽、罗诗屹、张越评

为深入开展"不忘初心、牢记使命"主题教育活动，全面落实院"关于开展'初心使命——规划院记忆'"活动的要求，2019年6月27日下午，战略所团支部与院原党委委员、总工程师张小文（大家习惯称他"文总"）进行了访谈。

成立的初心——顺应时代发展的要求

"事情年代久远，有些具体的事情不见得能想得特别清楚，但是对这件事的认识是沉淀下来的。"文总手里拿着一摞已经有了些许年代感的资料，来到会议室坐下，"规划院成立于1998年，其诞生是顺应了时代发展的要求。"具体来说，是以下三点：

一是顺应改革开放的要求。改革是对内改革，对外开放。"搞活"是重点，这两个字的内涵十分丰富。1985年，国务院印

发了《关于中外合资建设港口码头优惠待遇的暂行规定》，这意味着交通运输领域市场改革开放的力度进一步加强，在市场化道路上，战略规划的引领作用彰显。

二是顺应社会主义市场经济发展的要求。1985年，国务院印发了《车辆购置附加费征收办法》（国发〔1985〕50号）、《港口建设费征收办法》（国发〔1985〕124号）等若干文件，同意开征车购费、港建费，这意味着交通运输建设、运营逐步走向市场化道路，为市场化提供了资金保障。市场经济对信息的公开透明提出了更高要求，战略规划的顶层设计作用凸显。

三是顺应行业主管部门转变政府职能的要求。1997年亚洲金融危机对中国的外部环境产生重大影响，党中央、国务院作出了以基础设施建设投资拉动经济增长的决策。在这样的时代背景下，交通部在"三主一支持"总体战略的基础上，迎来了交通运输领域建设的大投资与大发展。这对交通运输战略规划提出了更高要求——领域更全、层次更多、深度更深，而传统的、分散化的规划研究体系难以适应这一新的要求。政府要加快职能转变，从以资金供给为基础的计划管理模式，转变为以战略规划为引领的市场化管理模式。

正是在这样一个错综复杂、内外因素相互交织的时代背景之下，交通部党组决定成立规划院，旨在做好行业发展的顶层设计，强化规划引领作用，更好地适应市场化管理，支撑国民经济发展。

在这样的初心之下，文总对规划院的使命做出了如下总结：

一是对已经实施的规划进行效果评估；二是根据国民经济和社会发展，对未来交通趋势进行研判；三是根据发展要求，做好各领域、各类型、各层级的交通规划；四是为部、为行业重大发展决策提供支撑。

张小文接受采访掠影

规划院人——胸怀天下、高瞻远瞩、实事求是、勇于担当

对于规划院的精神内涵，文总表示规划院自成立以来就有不惧大仗、肯打硬仗、能打急仗的优良传统，归结起来，规划院精神体现在以下四点：

一是胸怀天下。谋大事者、首重格局。规划院的交通战略规划，绝不仅站在交通自身，而是为了给经济社会发展提供支撑和保障，因此，规划院做的研究和工作考虑的是交通、产业、环境、能源等各个行业，探究的是政治、社会、经济、文化等各个方面。正是这种胸怀天下之志成就了规划院。

二是高瞻远瞩。规划研究不仅需要看眼前、评估现状，更需要将视野放远、预测未来，也只有站得高、看得远，才能做好每一次规划和研究。哪怕是做市级、县级的规划，规划院都是站在国家层面甚至放眼世界的；做全国港口布局等规划更是站在全球高度、展望未来。高瞻远瞩、志存高远、紧跟国家战略，使规划院对事物的认识和思考更加深刻，提升了每一次工作成果的质量。

三是实事求是。规划院的工作都是实事求是、求真务实的。规划院的各项研究工作都开展了充分的调研，同事们深入基层一线了解实际情况，切实解决了大量现实问题；面对未来发展趋势，规划院开展了大量行业前沿问题的研究，未雨绸缪解决了国家和行业很多未来将面临的难点和痛点问题。规划院不是浮于表面写文章，而是脚踏实地做事业，做的是国家和行业真正需要的工作和研究。

四是勇于担当。勇于担当是规划院的内在精神，其外在体现在规划院人肯于吃苦。吃苦有两个层面：第一个层面是劳其筋骨，比如文总曾与战略所同事一同出差，到酒店已是凌晨5点多，早上9点就继续开会，连续几天连轴转，身心俱疲但没人叫苦喊累；好多次文总从机场出差回来已经晚上11点多，仍然看到不少办公室灯火通明。第二个层面是苦其心志，规划院人勇于承担精神上的压力，不论项目多难，都迎难而上，敢于开创重大任务工作，迎接从未遇过的挑战。行业内的重大交通规划，基本均出自规划院之手。正是规划院人的勇于担当、迎接挑战，才迎来诸多机遇、不断提升、不断进步，更收获了行业主管部门和各界对我院的认可。举例而言，为什么部里愿意让规划院做代部审查？很重要的一个原因就是我们有责任，有担当，做事审慎，这种担当是我们规划院的境界。

与规划院难忘的故事——把工作当作事业

规划院肯于主动吃苦，渴望进步成长。说到在规划院难忘的故事，文总更是滔滔不绝："规划院令我难忘的事情实在是太多了，可能几天都说不完。还记得我还在部里的时候，每到年底，规划院的各个所都会来与我们积极交换意见，为部里明年的研究内容提供思路。这件事情虽然很小，却让我感动，因为这说明规划院在积极思考、主动作为，规划院渴望进步和成长，希望行业更好地发展。"文总勉励在座的后辈们："其实人吃苦是很正常的，但是最难也最关键的在于主动二字，'肯于'是主动的体现，主动做和被动做，自己的感受不一样，效果也完全不一样，希望你们都能做到肯于主动吃苦。"

规划院眼光放得长远，把工作当作事业。"规划院人是把工作当作事业来做。"文总又列举了很多令他印象深刻的事情。

一是结合国家发展新要求，努力开拓新市场。2012年，规划院与辽宁省交通厅签署战略合作协议，双方在交通运输发展战略、区域与城市群、公路、渤海海峡通道、港口、综合客运枢纽、交通投融资、交通信息平台等多个领域加强合作，这为我院与辽宁省开展广泛后续合作奠定基础。

二是敢于迎接挑战，不断开拓创新。综合所承担的"深莞惠交通运输一体化"课题、获得一等奖的"综合运输大通道规划"课题，战略所参与的"江苏公路养护现代化研究"课题，环境所参与的国家相关标准制定，这些课题都极具挑战性，需要研究者不断开拓创新、突破自我。

三是开展密切合作，实现互助共赢。全院在国家综合立体交通网、长三角地区交通运输一体化发展、雄安新区综合交通规划等课题中开展了密切合作，充分发挥各所所长；公路所和环境所在绿色发展领域开展了紧密合作等，各所互帮互助，实现了共赢。

四是眼光放得长远，不图眼前利益。为提高所内运行效率，战略所打破原有项目承担及绩效分配模式，推行全新的项目管理制度；为快速提高所内员工专业素养，环境所在课题研究紧迫的同时，仍然坚持让大家积极参加各种学习与会议，多多听取专家意见，实现了全所的快速发展与进步。

五是为全院谋发展，尽全力做好服务。人教处从传统的计划思维逐步转变为人力资源管理思维，为全院的战略发展、人才培养积极谋划；党办在党建工作上实现了有计划的、常态化的、规范化的管理，增强党员的凝聚力和带头作用；计划处、财务处、办公室在春节期间仍然坚持在岗位上的工作。

正如文总所说，"每个人都要成为让团队放心的人，不要成为那一块短板"，这一件件事情都体现了规划院各部门都在各司其职，各尽其力，把工作当作事业，为院的长远发展主动作为！

7

水调歌头·辉煌规划院

安旗林

反刍廿一秋，辉煌规划院。

一路寻梦艰辛，夏花始绚烂❶。

堂后摇扇出谋，泼墨山陆河海，月给多翻番。

同路老中青，伴生高精尖。

怀初心，众志诚，气冲天。

展望中叶，数代豪杰好梦圆。

芊蕙葳蕤生光，猛虎细嗅蔷薇❷，一朵奇葩艳。

诗和远方近，四季皆春天。

---

❶ 出自印度诗人泰戈尔《飞鸟集》第82首。英文原文是"Let life be beautiful like summer flowers and death like autumn leaves"，郑振铎译为"使生如夏花之绚烂，死如秋叶之静美"。

夏日的鲜花，在盛开的瞬间便极力地展示自己的美丽，植物的生命在花开的一瞬间达到了顶峰，完美而又盛大地绽放自己的希望。

❷ 出自英国诗人西格里夫·萨松代表作《于我，过去，现在以及未来》。

2003年9月，规划院人在通联大厦

贰

似水流年

si
shui
liu
nian

1
以水为师,凝心汇智

毛亚平、郝军、陈沫、孙瀚冰、方森松、李蕊、杨靓

三万里河东入海,二十一年著华章。1998—2019年,是我国水运大发展的"黄金时代",水运所躬逢其盛,几代规划人薪火相传,有力地支撑了新时代交通运输部的水运战略规划决策,共谱我国水运事业的盛世篇章。

2019年,朱鲁存副院长(左二)在重庆港调研

饮水思源守初心

作为政府身后的"智囊团",服务政府、服务行业是水运所肩负的历史使命和不懈追求的奋斗目标,也是每一位水运所职工永远不忘的初心。

不忘初心,是二十年如一日的坚守。建院之初,恰逢亚洲金融危机、我国即将加入世界贸易组织(WTO),水运行业发展面临着重大机遇和挑战,面向21世纪的全国沿海港口、内河发展战略指引了我国水运行业新时代的发展道路。2003年港口管理体制改革后,我院研究出台了相关规划编制办法,指导了全国各级水运规划工作全面规范开展。我院编制的全国沿海、内河两大中长期规划,先后于2006年和2007年经国务院批准后公布实施,是国家最高层次的港口空间分布规划,有力地推动了我国港口规划体系的建立和完善;其中开创性地形成了沿用至今的运输系统论证方法体系,有力地提升了水运规划决策的科学性和前瞻性。水运所先后完成水运行业历次五年发展规划、沿海沿江主要港口的总体规划等编制工作,我国的江河湖海中处处留有水运所的规划印记。党的十八大以来,水运所的工作在服务"三大战略"、助力美丽中国、建设交通强国等重大部署中,有力地支撑了国家和交通运输部的相关规划决策。在2008年冰雪灾害、2018年中美贸易冲突、液化天然气(LNG)布局等各类突发应急事件中,水运所职工主动担当,全力以赴奋战在工作一线,确保为政府决策、行业发展提供及时、精准的服务。

不忘初心，是不畏艰险的亲力亲为。交通运输部原总工程师、规划院原副院长兼总工程师蒋千始终坚持要求实地调研要亲力亲为，形成了水运所深入实地系统调研的工作传统。然而水上调研环境复杂、艰苦，甚至有一定的危险性，在深圳大铲湾项目前期调研测量中，项目组遭遇海上大风浪，船长要求撤退，但项目组为掌握重要数据，更好地论证规划项目的可行性，全体成员坚持到底。多年来，水运所的调研队伍逐水而居，踏遍沿海一万八千公里海岸线和诸多岛屿，深入长江、珠江等主要水系沿线，以及黑龙江、澜沧江等国际边境河流。陆海并进，追随煤、油、矿、箱等主要货物货源流向；西出阳关，曾沿着大陆桥直至阿拉山口；南入不毛，走遍云贵高原的崇山峻岭。栉风沐雨、筚路蓝缕，成就了水运所的"调研做扎实，说话有底气"。

不忘初心，是前辈的鞠躬尽瘁、薪火相传。史国光是水运所建所以来的元老、运输界的专家，主持过大量重大项目，是所里的"拼命三郎"。他在三十岁出头的年纪患了肝癌，依靠顽强的生命力和对水运事业的执着，继续坚持了十余年。一个视工作为生命的人，即使在调研间隙海边的清风明月下，他也只会看到航道水深、建港条件。有限的生命和无限的热爱都被他投入到水运所的工作中。在他生命的最后几个月里，他依然关注着所里的创新课题，同事的探病总会变成一场场的项目讨论会。他的鞠躬尽瘁和生命之光为我们照亮了继续前进之路。

2019年水运所大合唱剪影

滴水穿石志竟成

引领水运规划理论和技术发展方向是水运所的志之所趋，穷山距海，不可阻挡。多年来在港口规划编制、国际航运中心研究、多智能体仿真、港口资源监测、港航大数据应用等领域创新成效显著。在水运所永不止步的创新路上，离不开这样一批爱岗敬业勇创新、攻坚克难出硕果的创新团队。

创新路上的"探索者"和"追梦人"。齐越主任带领的实验室和大数据团队自2011年成立以来，致力于提升港口规划能力水平，创新港口规划研究技术方法，攻克传统港口规划难以准确量化分析的关键技术，破解超大型港口规划设计、实施评估、资源管控等技术难题，系统开展了规划研究能力建设，相继策划、实施了"中国港口资源监测管理系统""中国港口资源监测管理系统扩建工程""港口规划大数据决策应用系统"等三个交通运输部重大信息化工程。

其中，港口资源监测管理系统作为全国首个港口资源监测的基础地理信息平台，利用卫星遥感技术、地理信息技术等技术手段，通过全面整合高分辨率卫星遥感影像、港口规划图、港口现状专题图、建设项目平面图、电子海图等行业相关重点要素资源，打造形成全国港口"一张图"，创新了资源监测手段，破解了资源监管难题，实现了全国港口资源的动态跟踪监测管理，极大地提升了交通运输管理部门规划与岸线审批等决策效能，并成功应用于全国港口深水岸线资源普查工作。传统的岸线资源普查是采用人工方式进行测量和统计，需要耗费大量的人力、物力和财力。利用港口资源监测管理系统开展全国港口深水岸线资源普查工作，将原来五年能干的事情压缩到不到两年的时间里，极大地提高了工作效率和工作精度。工作成果得到了全国政协副主席、交通运输部党组书记杨传堂的极大认可。现在齐越主任带领的团队正在"港口规划大数据决策应用系统"的创新道路上继续砥砺前行。

"做有价值的研究，干有意义的事"。孙瀚冰首席研究员带领的国际航运中心研究团队自2012年成立以来，面对全新的研究领域，在张小文总工的指导和鞭策下，团队经历了最初的不甚了解、没有头绪、多次调整思路，依托项目广泛调研、深入学习，一步一个脚印，通过厦门、天津、广西、大连等地一系列项目的研究实践，逐步形成了该研究领域的自主研究能力，对中国特色国际航运中心的内涵和功能体系提出了系统的理论框架体系。研究中形成的航运服务产业选择方法、航运服务集聚区空间布局和选址等技术方法，具有国内外显著的创新性，在全国性港口水运规划和战略项目、地方项目中广泛应用，得到了业界的一致认可。在"大连东北亚国际航运中心发展研究"课题汇报中，大连市委书记曾高度评价"这是我到大连来听到的最系统、最全面、最有高度的汇报"。八年来，团队坚韧不拔、勇于创新，践行了"做有价值的研究，干有意义的事"。

涓涓细流汇江河

我们来自五湖四海，是从"象牙塔"走出的"小小水滴"，在水运所一群经验丰富、严谨求实、敬业奉献的老同志的领路下，顺利成长为能够独当一面的行业中坚力量。劈波斩浪，闯出个人的狭小水域，最终汇入水运事业的江河海洋。

当"花脸稿"遇上"句号"。郝军第一次当项目负责人时，在项目报告的撰写方面还是一个新手。当时的老同志逐字逐句对他的报告进行修改，一页上几乎一半部分都有标红修改，表述不当、详略取舍、错字病句，甚至小到标点符号的错误都被一一标出。之后的每份报告都会得到这样认真的修改，报告中犯的错误也越来越少，后来当分管总工只修改了两个字时，郝军感到特别开心。到现在，郝军还保留着当初那满是标红的报告照片，感激并纪念当初老同志的辛勤付出。而冯云给年轻员工讲如何做好演示文件（PPT）时，提出色彩搭配要美、字体大小要适中、内容不要长篇大论、观点要一目了然，竟然还强调不要有句号，并告诉我们规划研究工作是多么需要细致谨慎，还要把握时代发展的脉络，用创新的思维解决问题。

"相爱相杀""相守相争"。2012年3月3日凌晨3点30分，在会议室里高原副院长带着我们结束了湘江二期预可咨询意见的讨论。这期间所领导、总工、项目负责人、专业负责人、主要参加人都淋漓尽致地各抒己见，就枢纽二线船闸布置的建设条件探讨了一个多小时，力求每一条意见都能科学、客观、准确地表达出我们最真实的看法，为部决策提供有力支撑。做项目时，一般都先画一个基础图，然后在此基础上讨论多种方案，"集众思，广忠益"，比如说对港口怎么削一个角，然后这个角的形态是什么样的，提供可供讨论的方案就有二三十个，通过一轮又一轮的激烈讨论和技术研究，最后拿出的方案只有一个。很多项目的研究讨论也都是这样，办公室、飞机上、码头上、宾馆房间……"吵"成了常态，每个人都有平等的发言权利，方案被不断推翻、不断完善，年轻人在这个过程中不断丰富知识、锻炼自己。正是凝聚力、战斗力、感染力把我们紧紧地拉到了一起，聚焦行业内重大技术难题，做深研究、自主研究，国际航运中心、LNG及内河绿色等研究团队应运而生。

水利万物而不争

上善若水，水利万物而不争。融入水运所，无论是阅历丰富的斫轮老手，还是新硎初试的年轻一辈，我们聚集在这里，共同度过生命中尤为重要的时光。

快乐的活动。工作之余，我们在绿茵场驰骋飞扬，在篮球场挥汗如雨，在田径场友好竞技。"趣味运动会"作为水运所的传统项目，至今已经举办了十余载，还有数次内容丰富的拓展活动，每一次大家都积极参与、不甘人后。拔河比赛中大家心向一处，"两人三足"我们相互扶持，"高空断桥"我们胆大心细，"毕业墙"上我们齐心协力，皮划艇比赛上年轻人们百舸争流，滑冰场上大家嬉戏……在一项项的比赛里，每个人之间的距离更近了；在一次次的娱乐中，大家的关系也更加融洽了。水运所举办的集体婚礼也在全院开了先河，2006年1月，8对新人踏着婚礼进行曲的节奏在大家的祝福中缓缓步入礼堂，他们互相介绍着相识、相知、相恋的经过，跟所有人分享着他们那甜滋滋的幸福喜乐。

传递的爱心。爱，不仅在水运所的每个人心里蔓延，也被每个水运人四处传播。我们给河北涞水的希望小学送去了计算机、文体用品，也给青海甘德的孩子们送去了书籍和奖学金，帮助偏远和贫困地区的孩子们丰富了课余生活，也拓展了他们的视野。每一次看着孩子们一张张淳朴而羞涩的笑脸，望着那一双双清澈如水的眸子，我们深切地体会到自我价值的另一种体现。

家人的关怀。史国光为工作所累拖垮了身体，他病重期间，身边没有亲人照顾，所里的年轻人自发地组织起来去医院轮流日夜陪护。照顾重症病人是一件极其辛苦的事，但是没有一个人喊

2013年夏,高原副院长(后排左四)赴河北参加支教活动

苦喊累,因为他们知道自己照顾的是同事、是朋友、是如我们亲人一般的老大哥。水运所就是一个大家庭,我们从不吝啬分享工作的成就感、满足感和生活中点滴喜悦,面对命运的磨难时也有水运所作为坚强的后盾和依靠。

默默的奉献。每个人都在自己的岗位上做着应有的贡献,并且以集体的荣誉感为自豪。加班加点是我们工作的常态,即使有时被家事所牵绊,我们也依然以工作为重。苏孟超和陈沫在手术后没几天时间就重返工作岗位,顾不得多休养几日;杨靓、葛彪、田佳在至亲患重病期间,白天在医院监护照顾,晚上仍回单位赶写报告。没有人抱怨生活的苦、工作的累,所有人都把这些看作是自己分内的事。正是有了这种对自己事业不求回报的热爱和全身心的付出,才成就了今天的我们,而这种奉献精神来自水运所多年的传承。

我们在这里汲取养分,我们在这里迅速成长。21年来,水运

所培养出了无数行业精英、业内专家，更为部输送了大量人才。但无论是谋求更高事业发展，还是辞职追求自己人生理想，无论是走出行业寻求新方向，还是调整了部门共谋交通规划，每一个从水运所走出去的人，都依然把这里当成自己心的归属，都仍然以自己曾经是水运所的一员而骄傲。

二十一年风雨岁月，一代代水运所人不断传承着笃实求真、科学严谨的工作作风，用行动服务国家、行业的发展与进步。在日常工作中，上山下水、日夜不分，力图用最专业的精神对待每一个项目；作为一个团体，上和下睦、互相帮助，像一个大家庭般亲近友爱；作为行业"掌舵手"，凝心汇智，引领发展，助力交通强国建设。国家要强盛，交通须先行。在未来，水运所人也将不忘初心，砥砺前行，努力践行自己作为"智囊团"的使命与担当。

2
王压帝：不忘初心，向上而生

刘影、刘晨、陈宇毅

王压帝（前排中间）与综合所青年职工合影

2019年7月，综合所团支部与综合所原专业副总工程师王压帝（以下简称"王总"）进行了面对面访谈，聆听了她与规划院的点滴心声。

与规划院的故事

问：今天很高兴邀请到王总。王总是1983年进入交通部公路规划设计院，后来历经中咨公司又回到规划院，想听王总讲一讲在像我们这么大时，经历的印象深刻的事情。

王：首先感谢综合所，让我又回到了很温暖很让我留恋的团队当中。

咱们规划院是1998年成立的，是由交通部公路规划设计院、交通部水运规划设计院中的规划室和审核室成建制的迁过来组成的。在这之前，讲起这两个院还是挺辉煌的。1983年，我毕业到部公路规划设计院报到。

讲规划业务的起源，我们是从项目的管理和项目的研究开始。那个时候开始引进世界银行的项目管理办法，我们参加了世界银行在国内办的第一期培训班。当时最有代表性的事件就是收费公路政策的制定，从纯学术研究提出收费政策，到被部党组认可，再到被国务院批准实施，对我们国家来讲也是里程碑的事件。我国最早的高速公路有沪嘉、沈大和京津塘高速公路。最先通车的是1984年开始建设、1988年建成通车的沪嘉高速公路，但里程不到17公里。沈大高速公路全线是360公里，由于里程长，被称为是中国大陆第一条具有标志性里程碑式的高速公路，它的规划和部分设计工作，就是由时任道路规划室主任王开山带着陈胜营、关昌余等一批人完成的。京津塘高速公路是第一条三省

（市）跨界、国内第一条利用世界银行贷款修建的高速公路，而且是在世界银行要求下实行的项目法人制，项目管理、施工管理、监理三家独立运作，相互监督，相互制衡。我们也没想到的是，我们这些人都是出生于20世纪50年代左右，能够在改革开放初期这样的一个环境下，没有经历过、没有见识过，甚至都没有到国外去走访过，靠摸索做着这些工作，可想而知当时的艰辛和困难。但我们这批人也是很自豪的，当时的条件下还没有高速公路，我们见证了国家高速公路收费政策的制定，见证了我们国家的高速公路和高速铁路由零公里发展到今天的鼎盛时期，然后公路、铁路又要趋于结构调整，这个是全过程的见证。这种自豪感上，我们是比你们更幸福的。

交通规划的传统和文化是有传承的。我们很多交通人，出于对交通的热爱，一家几代人都在干交通，交通人的精神、知识的累积在传承。我自己干交通，我的父母、公公和我先生的外公全都是交通人。在这里我也要讲两位老人，一位是我的导师叫邵慧泉，另一位是殷作超。

我1983年到公规院的时候，邵慧泉69岁。邵工是地质专家，不是学经济学或者交通量预测的，但当领导安排他进规划室的时候，他就带着我们摸索研究，一起建预测模型。1984年厦门海沧大桥需要做交通量预测。邵工提出来，这座大桥至少要修四车道。但公规院戴竟总工知道后说四车道不行，一是设计难度太大，二是投资太高。邵工说："戴总，这是我们经过研究预测的结果，就是四车道。我们预测完了，如果你要是不相信我们，你自己决定。你要是问我，我告诉你四车道。"当时我们规划室的室主任王开山也坚定地说："我听邵老的。"所以就是在邵工这样一批老同志的支持下，作为一个技术人员，我们坚持做研究用科学和技术来说话。最后证明，邵工的判断是正确的，包括我们现在所做的很多工作都没有脱离他们当初的研究基础。

第二位老人是殷作超。那个时候在邵工和殷工的带领下，我们研究的"2000中国公路"规划采用网络模型测算公路总规模，提出要在模型中考虑国土资源、工业总产值、交通拥挤程度等多个因素，并通过对比不同方案，认为2000年公路总里程是150万公里左右。在做研究的过程中，我们的数据分析量非常大，而且完全靠手算。最后规划的结论性报告只有20页左右，但计算的过程写了几百页A3纸。在对2000年中国经济形势预判时，他们认为个体经济对中国经济的贡献将在2000年急速增加。后来证明，无论是路网规模，还是中国经济形势，他们的判断都是准确的。他们作为工程学的专家，不是经济专家，也不是预测专家，在1983年就凭着他们的知识，凭着他们的学习态度，准确把握了中国经济、中国交通的发展特点，让我佩服。

提到交通行业的大事，还不得不提交通部主办的真正意义上的规划"三主一支持"，即"公路主骨架、水运主通道、港站主枢纽和支持保障系统"。随着这个规划在全国的实施，公路和水运事业经历了大踏步发展。这也让交通部意识到规划的重要性。

规划院成立的前五年时间里,出了很多重大成果,包括全国沿海港口规划、国家高速公路网规划、农村公路网规划等。

在综合所的记忆

问:您是综合所成立时的元老,在综合客运枢纽及物流园区规划、设计、政策等领域带头开展了一系列技术攻关,您在这期间有哪些印象深刻的事情?

王:综合所成立面临着生存和发展的问题,当时主要由公路所、水运所、战略所、设计所四个部门的人员组成。

综合所成立不是一件容易的事情。第一,要把四个所的文化扭转成一个综合所文化。时任所长金敬东认为四个部门的文化各有特点,在新的团队里头,大家需要在交往融合的过程中相互学习、理解,将共同点上升为行为准则,才能构成综合所文化。第二,综合所要考虑生存问题。实际上事业发展的压力还不小,国家发改委综合运输研究所已经成立了快60年,一直在研究综合运输问题,而且是在国家发改委宏观角度的层面直接跟国务院沟通。那部规划研究院成立的综合所,能解决国家发改委综合运输研究所几十年来没有解决的问题吗?尽管有这么多的压力,现在看来,经过多年努力,综合所已经在多业务领域有了自己的发展支撑。

在新的文化体系下,综合所的凝聚力逐渐培养起来,形成了一个凝聚力强、特别能战斗、学术氛围非常好、非常能吃苦的团队。到了综合所，我干的第一个项目是阿克苏综合交通规划。我记得当时大家集中在小会议室搞规划，持续半个月的时间凌晨一两点才回家。当时调研，形成了当天整理资料、当地向业主单位汇报方案的工作模式，虽然辛苦但是效率特别高。有时候回忆起来，加班、现场出方案虽然苦累，但收获大、学的东西多，也由此培养了一批人。后来逐渐又有了枢纽投资、项目管理政策等一些好的机遇条件，使得我们的发展环境得到很大改善。

对年轻人的寄语

问：您对我们年轻人有哪些寄语，有什么事想要特别叮嘱我们？

王：在综合所，需要考虑综合交通运输究竟要解决什么问题。应该是，在现有的国土资源环境、投资成本控制的条件下，综合交通的总规模、总能力、总结构是什么，而不是仅把铁路、公路、水运、民航拿过来"拼盘"，然后用综合枢纽衔接起来。这需要我们一代交通人能够潜下心来去做研究。如果年轻人想在这个行业里有所发展，闯出新的天地，是一定要有所突破的。当然，我觉得外部环境应该提供一定的支撑，就是敢于培养一批人潜心做研究，也应该采取一些评价机制、激励机制，让这个团队始终充满创新动力。

3

公路所审核室发展历程

汪亚干、丽萌、岳福青

2018年11月的西藏高原已是一片萧瑟，茫茫戈壁，寒意逼人。天刚亮，G4218拉萨至日喀则高速公路工可评估调研组踏勘车队已出发驶往路线起点。拉日高速公路建设意义重大，建设条件复杂。我院高度重视本次评估工作，陈胜营院长亲自带队，汪亚干、丽萌、周敬东等经验丰富的专家全程参加调研。尽管当地准备充分，房间提供氧气，但调研组多位同志高原反应还是很强烈，入睡困难。汪亚干揉着酸胀的双腿说，他进藏（区）已经十多次了，这次有特殊的意义，就是恰逢建院20周年，也是审核室建室20周年。经过二十载的风风雨雨，审核室已成为公路行业工可评估的标杆。这20年里，有太多的故事值得我们回味。

成长壮大

成立背景

作为关系国计民生的重大交通基础设施,公路历来都是政府投资的重点领域。早在20世纪50年代,部公路局就组织我院前身——交通部公路规划设计院等单位成立了公路审核组,对重点公路建设项目技术标准、工程规模及投资进行把关。在那个百废待兴、技术手段落后、实践经验匮乏的年代,老一辈审核工作者以不怕吃苦、敢挑重担、科学严谨的工作作风,为公路审核事业打下了坚实基础。

随着经济社会快速发展,公路交通基础设施投资规模增长迅速,前期工作日益繁重。1998年3月,交通部将交通部公路规划设计院和交通部水运规划设计院中从事规划与代部审核工作的部门成建制合并,组建了交通部规划研究院。随着我国公路行业的飞速发展以及我院的成长壮大,审核工作也翻开了新的篇章。目前,对国家重点公路建设项目前期工作进行咨询评估已成为我院服务政府、服务行业的重要职能。

建章立制

审核室成立之初就高度重视成果质量管理工作,根据审核工作特点,不断总结管理经验。围绕审核人员要求、现场调研深度和程序、审核重点及流程、内审程序和要点等关键环节,逐步形成了具有我院特点的评估流程和质量管控制度。

1999年，配合部综合规划司制定了《公路建设项目可行性研究审核管理办法》；2003年，首个实操层面的《公路建设项目前期审核工作办法》出台。此后，随着服务范围的扩大（2005年开始承担国家发展和改革委员会委托的评估任务）、国家审批方式的变化［审批制、核准制、政府和社会资本合作（PPP）］和对审核评估质量的更高要求（包括投资控制），不断修订完善工作办法，先后出台了《交通部规划研究院代政府部门评估和审核项目管理办法》（2007年）、《公路建设项目前期工作审核和评估工作管理办法》（2010年）和《交通运输部规划研究院承担部委托公路水路交通建设项目咨询评估工作管理办法（试行）》（2015年）。

技术立室

国家重点公路建设项目上承规划，下接具体需求，做好工可咨询评估，需要掌握理论前沿、站位政策高地、把握技术高端，一名合格的审核评估人员应是"专家中的专家"，应具备"技术与政策相结合"的知识背景。

审核室强调"一专多能"。要求审核人员对可行性研究的主要研究内容有全面的了解，且在其中一方面有特长，努力提高理论和实践水平，鼓励大家对新的规划理论、方法，交通量预测和经济评价理论，工程界最新的技术与实践等钻研、学习。

审核室始终坚持"技术立室"，提倡主动开展研究，拓展思路、创新方法，并应用于具体实践。早在2003年，就自发开展

2003年,陈胜营(左一)、丽萌(左二)等在国道103线廊坊段开展京津高速公路通道建设规划研究

了"高速公路扩容方案研究""高速公路理想车道数研究"等工作,相较其他单位同类成果提前了约10年。2004年7月,国务院作出了关于投资体制改革的决定,我们编写了《投资体制改革过渡期项目核准意见的主要内容》,对与投资体制改革配套的项目申请报告编制办法、评估重点、深度等进行了研究,为申请报告咨询评估提供了思路和方法。

人才强室

为提高咨询评估技术水平,室里引进了多位工程经验丰富的专家,形成了专业配置齐全、分工合理的人才结构。目前,审核室员工大多有过勘察设计单位经历,具有实际工程经验。

审核室也是一个开放的大家庭,注重人才交流和培养。成立至今，共有50人曾在审核室工作过。审核室与部综合规划司，四川、贵州、新疆等省区建立了长期的合作交流机制，还为院输送了多名中层干部。审核室的业务特点决定了业务人员必须具备严谨、务实的工作作风，必须同时拥有开阔的视野和扎实的工程经验，这也是审核室能不断培养高素质技术人员的重要原因。

团结奋进

审核室是一个温暖、团结的团队。忙碌是常态，但透着有条不紊；严谨是底色，但也充满欢声笑语。室里注重学术讨论和交流，允许个人有不同的观点，大家可以为一个技术问题面红耳赤，但工作中从不失默契，生活上从不少体贴。

审核室是讲奉献、敢担当的团队。为应对2008年金融危机，国家启动了4万亿元的经济刺激计划，公路等交通基础设施建设项目加快推进。关键时刻，审核室勇挑重担，全体人员开足马力，加班加点，全年完成了百余项重点建设项目工可评估工作。2020年1月中旬，突如其来的新冠肺炎疫情，给人民群众身体健康和生命安全带来极大威胁。不能现场调研，给工可评估工作带来了很大困难，审核工作没有"静观其变"，而是率先通过远程视频会议方式协助开展咨询评估工作；对技术复杂项目，通过增加专题研究、疫情结束后补充调研等方式弥补不能外业调研的不足，充分体现了困难时期的担当精神。

优势特色

依托深厚的底蕴，经过建院20多年重大项目的磨砺，审核室在国家重点公路建设项目咨询评估工作中逐渐形成了独有的优势和特点。

视野宽广

我院成立至今，完成了多项国家级交通发展规划、布局规划、区域规划及建设规划，为优化交通资源配置做出了重要贡献；我院还参与了长江三角洲地区、珠江三角洲地区、振兴东北等老工业基地、促进中部地区崛起、深入实施西部大开发战略等多个区域规划，承担了一系列交通运输支撑国家重大战略的规划研究工作。

项目是规划的延续，是宏观政策的实时体现。完成上述重大战略课题研究，不仅为促进我国交通运输科学发展提供了重要支撑，同时也让咨询评估工作拥有了更广阔的视野和更高的视角，对国家政策和行业动态把握更加准确，咨询成果更贴合政策要求与区域经济发展实际。

兼收并蓄

为保证评估质量，使评估工作更加规范化、科学化，我院设立了专门从事公路建设项目审核工作的业务室，保证了专业审核力量，并制定了完善的管理办法，在工作中逐渐形成了"以我为主,专家为辅"的组织特色和"基于审核但不囿于审核,集思广益"的议事机制。我们一直坚持以本院技术力量为主体,充分利用审核室人员长期从事咨询评估工作所积累的丰富经验,充分发挥我院在规划、政策研究领域的优势。我们也不回避短板,对于特殊复杂项目和特殊专业,我们积极邀请行业一流专家,特别是工作在生产一线的中青年专家,借外脑、用外力,发挥外聘专家在某一专业或领域的深厚造诣,助力提高项目评估质量。

客观独立

客观独立是高品质咨询评估意见的前提和保障。审核室评估工作以保证公众、行业利益为原则,以构建现代综合运输体系为出发点,客观审视建设的必要性、技术的可行性、经济的合理性和实施的可能性。特别重视建设项目在路网中的功能定位、路网衔接、技术标准、建设方案、环境保护等方面。我们始终坚持客观、公正、科学的态度,合理选择技术标准和确定建设时机,严格控制建设规模和投资,为在后续初步设计技术咨询中准确把握项目的技术标准、工程方案重点与难点、工程规模等奠定了坚实的基础。

辉煌成绩

直接效果

一是有力推进了基础设施跨越式发展。据不完全统计,建院

20多年来，审核室累计完成公路建设项目前期工作的审核、评估任务共约1500余项，总里程达14万公里，投资累计超过6万亿元。

二是有效支撑了国家部委科学决策。审核室所有的审核意见和评估报告均被交通运输部、国家发展和改革委员会采纳，为国家对重点公路建设项目实施的决策提供了技术支撑。例如，我们坚持北京五环路采用高标准建设，并从吸引交通量，分流并缓解四环路交通压力，减少交通阻塞和空气、噪声污染角度，提出了不收费建议（2004年北京取消五环路收费）；从发挥项目功能、充分利用走廊资源角度，将G4218拉萨至日喀则高速公路全线设计速度提高至100公里/小时，将G6那曲至拉萨高速公路那曲至羊八井段设计速度提高至120公里/小时；杭瑞高速公路楚雄至大理段交通量大、线形指标低，原路扩容方案老路利用率低、环境影响大，我院两次赴现场实地踏勘后提出了在老路北侧另辟新线的扩容方案；针对首都地区环线高速公路承德至平谷段原方案中存在的桥梁、服务区等工程量过大等不合理问题，我院严格核定，压缩总投资近9亿元。

间接作用

审核室在高质量完成咨询评估工作的同时，还主动对行业新政策、新理念、新技术进行宣贯。2016年开始，部先后出台了《关于实施绿色公路建设的指导意见》《关于打造公路水运品质工程的指导意见》《关于推进公路钢结构桥梁建设的指导意见》等系列促进公路建设转型升级的技术政策文件。审核室密切关注行业发展新动向，把工可咨询工作同时作为贯彻落实行业发展技术政策的有力推手，鼓励建设单位节约用地、推广应用钢结构桥梁，注重建养并重，助力公路建设转型升级。针对国土空间治理体系变革，审核室主动学习、思考，协助部相关司局印发了《交通运输部关于做好交通基础设施国土空间控制规划有关工作的通知》，并在工可评估工作中宣传相关政策，促进公路规划与国土空间规划衔接融合。

发展展望

公路是经济社会发展的先导基础设施，政府有提供高品质公路产品的义务和责任。公路基础设施具有社会影响大、投资体量大、建设不可逆等特点，需要专业的咨询机构对公路建设项目的各个阶段进行咨询评估，审核室具有可持续发展的基础。随着我国公路网的逐步完善，评估工作总量较高峰期有所减少，但与公路建设、扩容需求相伴相生，咨询评估将是一项长期任务。

随着行政审批制度改革不断深化，国家重点建设项目工可评估领域也引入了竞争机制，公路评估单位之间竞争不断加剧。如何在竞争中立于不败之地，关键是保持咨询质量与品质，通过技术创新、管理创新，提高技术评估的专业化水平，为行业、政府提供有价值的咨询意见，这始终应是评估工作要坚持的发展路径。希望每个审核人都能坚守初心，通过不懈努力，共创我院咨询评估工作的辉煌未来。

4
记水运所铿锵史
袁其军、刘长俭、黄力

21年,正值芳华

从1998年到2019年,风雨兼程中,水运所走过了不平凡的21年。一代代水运规划人作为行业的总规划师,上山下海、用脚步丈量每一个港口、每一段航道,为我国水运发展绘出了精美的图纸。不论是全国沿海港口和内河航运布局的宏大蓝图,京津冀、长三角、珠三角等重点区域沿海港口、高等级航道建设的生动实践,还是新时代创新、协调、绿色、开放、共享新发展理念下交通强国建设的铿锵足音,水运所始终站在政府背后、站在时代潮头、站在人民立场,为国家水运事业的发展栉风沐雨、砥砺前行。

乘风启航:水运所的前世与今生

安知万里水,初发滥觞时

水运所的前身是交通部水运规划设计院中从事规划和审核工

作的部门。从改革开放沿海港口大发展到南方谈话水运进入新阶段，从全国谋篇布局到重点区域规划，水运规划人肩负起站在改革开放的潮头、为全国水运事业运筹帷幄的任务，奋力推动中国号巨轮不断破浪前行、扬帆致远。

20世纪90年代，为解决水运基础设施明显滞后与大宗物资运输需求十分旺盛之间的矛盾，老一批规划人编制完成了在水运发展史上具有里程碑意义的《全国水运主通道总体布局规划》《全国港口主枢纽总体布局规划》两大国家级规划，为我国水运建设发展提供了科学指引，之后又相继开展了一系列分区域、分水系的研究，掀起了一波水运建设高潮。1978年到1998年，全国港口码头泊位数由735个增加到9814个，吞吐量由2.8亿吨增加到13.1亿吨。

借着国家机构改革的春风，1998年，交通部规划研究院成立了。作为建院之初的主要业务部门之一，当时的水运室顶起了规划院的半边天。一群经验丰富的老同志带领着踌躇满志的青年们，怀抱着为部服务、为行业服务的初心使命，开创了水运规划的新纪元。

道有夷险，履之者知

成立之初，在亚洲金融危机、1998年大洪水等宏观背景下，面临新的环境、新的机构、新的班子，水运室工作重点集中在为部服务、深耕细作上，承担的市场项目研究任务相对较少，1999年共开展了6个市场项目的研究，合同额仅370万元，但在水运主通道、港口主枢纽深化研究、广东省和珠三角港口布局规划、上海洋山新港址论证、广东省内河航道布局规划等系列开拓性项目研究中，进行了有益探索，积累了宝贵经验，树立了良好口碑。

世纪之交，全球经济格局加快调整，国家面临重大战略机遇，站在国家全局、行业之巅，水运所以全球视野、战略眼光，超前谋划了《二十一世纪沿海港口发展战略研究》和《二十一世纪中国内河航运发展战略研究》，对21世纪前半叶沿海港口和内河航运的发展进行前瞻性和全局性谋划。水运所全程负责水运（沿海港口、内河水运）五年规划（计划）编制工作，以及水运重大基础设施建设项目的代部审查工作，为支撑行业规划、重大建设项目的落地发挥重要作用。1998年到2006年，我国万吨级码头泊位数由515个增加到1203个，港口吞吐量由13.1亿吨增加到55.7亿吨。

面向未来，承载着中国水运行业顶层设计的重大使命，水运所在20世纪末乘着改革开放的春风扬帆起航，纲举目张，带动全局，开启交通强国水运新篇章，为做好水运行业的总设计师、咨询师和领航者大踏步向前。

踏浪前行：助力水运大国地位确立

进入21世纪，水运行业开启了新的时代篇章。贸易全球化和船舶大型化、专业化趋势成为主流，冶金、石化、电力等重化工业快速发展，我国石油、矿石等大宗能源原材料物资对外依存度不断增加……水运需求快速增长，行业动能加快集聚。

借势发力，乘势而上

2004年，注定是不平凡的一年，我国水运行业第一部法律——《中华人民共和国港口法》正式施行，标志着我国港口由地方政府直接管理并实行政企分开的行政管理体制确立，并明确了政府通过港口规划保证资源合理利用的制度。面临行业重大变革，水运所启动了《全国沿海港口布局规划》和《全国内河航道与港口布局规划》，2006—2007年，两大规划先后获批。作为首获国务院批复的行业规划，这两大规划为全国港口规划、岸线管理、合理布局提供了方向和指引，也为整个行业的发展确立了顶层设计，更是构筑了水运所规划研究的理论高地，树立了水运规划的"国家队"形象。

一部港口法的实施，两个全国规划的出台，全国各地港口、航道蓄势待发。借助对国家规划政策的深刻理解和深度参与，顺应地方水运加快发展的迫切需求，水运所大力开拓地方规划业务市场。从北方的环渤海到南方的珠三角，从西部的川渝到东部的江浙沪，从东北出海口大连、京津冀门户天津、长江龙头上海和宁波舟山到珠江口广州和深圳，从长江上游巴渝山城重庆、中游九省通衢武汉再到下游六朝古都南京，全国主要港口都烙上了水运规划人的方案。仅2003—2012年这十年间，水运所承担的项目就达537个，合同额达5亿元，年均相当于建院之初的十余倍。这些研究都充分考虑水运的布局优化、区域内港口的协同发展,指导了港口岸线资源的有序利用,促进了港口高质量发展,助力了我国水运大国地位的确立。2019年,我国港口货物吞吐量超过1亿吨的港口已达38个,集装箱吞吐量超过100万TEU的港口达32个;在世界港口吞吐总量、集装箱吞吐量排名前10位的港口中,中国均占据7个。

2011年宁波舟山港调研

　　江河绵延,滋养大地。从"怪石插流横、舟从地窟行"到如今千帆竞发、百舸争流,离不开内河航道的规划建设与治理。从率先开放的沿海省份到厚积薄发的内陆省份,从高度发达的水网地区到相对落后的上游和主要支流,几乎所有省市都遍布了水运规划人的足迹。当年勾画的"两横一纵两网十八线"高等级航道蓝图也逐渐成为现实。如今,长江已成为全世界运输最繁忙的通航河流,南京以下全程可通航5万吨级船舶,西江界首以下可通航3000吨级船舶,嘉陵江、湘江、赣江、汉江等航道上先后建设了30余座内河航电枢纽。2011年,水运所编写并出版了《新理念——内河航道建设指南》一书，对内河水运示范工程进行了系统总结，创新提出航道建设要"以人为本、资源节约、环境友好"的新理念，直至今日，依然在为全国内河水运建设与发展相关工作提供有益借鉴。

顺势而为，因势而谋

作为部"智囊团"，水运所充当交通行业决策者的外脑或参谋，为决策提供咨询服务。秉持这样的"特殊"身份，水运所**积极主动为部做好服务，努力打造现代水运行业智库**。积极参与重大政策起草，积极建言献策。《国务院关于加快长江等内河水运发展的意见》（国发〔2011〕2号）、《关于促进我国邮轮经济发展的若干意见》《关于大力推进海运业高质量发展的指导意见》等诸多政策文件背后都有水运所研究团队的身影。**紧密跟踪运行态势，持续关注行业热点**。水运所承担了交通经济运行分析跟踪工作，不仅包含传统的重点货类运输市场分析、交通领域运行指标跟踪，更涉及宏观经济与交通关联、区域发展战略、经济热点事件解读等领域，充分发挥了交通作为宏观经济运行"晴雨表"的作用，为行业管理和国家宏观决策提供了重要依据。**参与规则制度制定，提升行业话语权**。"法与时转则治，治与世宜则有功。"面对水运行业发展的日新月异，水运所积极参与行业政策法规的制度修订，配合部研究出台了《港口总体规划编制内容及文本格式》《港口规划管理规定》《港口岸线使用审批管理办法》等一系列管理规章，在航道法出台后，又积极配合交通运输部进行解读和开展《航道规划编制办法》的研究，为行业依法、有序发展提供了制度保障。

弄潮儿向涛头立，手把红旗旗不湿。 在时代快速发展的十余年间，水运所始终站在我国水运发展事业的潮头，目光坚定，踏浪前行，运筹帷幄，为水运行业的蓬勃发展谋篇布局、设计方案。

扬帆远程：迈上交通强国建设新时代

党的十八大以来，以习近平同志为核心的党中央作出了一系列重大战略部署，科学谋划中国经济发展新布局。作为交通运输部的"智囊团"、水运行业发展的掌舵手，水运所主动顺应时代变革，探索新时期的新方向。

2019年云南省航运规划调研

百舸争流，奋楫者先

板块创新。新时期水运业进入高质量发展新阶段，港口转型升级不断推进，航道建设面临攻坚，如何找准定位、探寻高质量发展路径，成为国内水运行业亟待解决的重大问题。作为行业的"领头羊"，水运所不断优化所内人员结构、超前谋划自身业务转型，重点推进了"规划、战略、政策、大数据"四大版块建设，加快推进基于转型升级背景下的港口规划创新、基于研究方法定量化的战略项目创新、面向新时代背景的国家重大政策行业影响分析及应对和基于地理空间信息系统的大数据挖掘创新，实现了以规划业务为基础，以战略业务为引领，以政策业务为导向，以大数据业务为保障的水运所新时期业务架构。近年来，水运所承担了众多企业战略、航运中心建设、市场分析、仿真模拟、绿色发展等高质量、高效益业务。其中，战略类项目创新设计了一套相对成熟的研究框架和编写指南，打造成水运所第一个"流水线产品"，为国内港口及相关企业制定未来发展方向提供了科学指引。

科技引领。"全行业首个港口资源监测管理系统平台""20项计算机软件著作权""25项外观设计专利""8项发明专利""水运建设行业协会科技进步一等奖"……短短四年间，水运所创立的港口资源监测管理实验室便取得了行业领先的瞩目成就。实验室将智慧交通作为创新发展的主攻方向，致力于地理信息系统（GIS）、遥感、大数据等现代信息技术的研发和应用，建立全国水运"一张图"的体系，作为部水运大数据资源管理和辅助决策的平台发挥了突出作用，并以此为支撑，完成了新一轮的全国港口深水岸线资源普查工作。系统开展基于多智能体仿真的LNG船舶进出港通航影响分析，有力支撑国家重点LNG码头布局方案出台。

技术为基，民生为本

"天下和静在民乐。"作为基础性学科，以往的水运规划所做的工作更多的是支撑基础设施攻坚，通过服务大宗物资运输、吸引产业沿海沿江布局来支撑经济社会发展。随着新时代的到来，人民群众的生活水平日益提升，人民对水运的需求逐步从设施改善向服务提升转变，从关注行业快速扩张向高质量发展转变，生态绿色、平安智慧等关键词越来越多地出现在水运规划人的视野。人民交通为人民，水运规划人始终坚持"为交通行业谋发展、为人民谋福利"的初心。

生态绿色。为服务建设美丽中国的美好愿景，水运所贯彻落实绿色发展理念，对全国内河水运的绿色发展开展专题研究，提出可复制、可推广的发展经验和行之有效的资金政策建议，有力支撑了国家发展改革委和交通运输部绿色发展相关行业意见的出台。为顺应人民出行高端化需要，水运所成立邮轮游艇研究团队，长期跟踪研究我国邮轮游艇市场发展，开展邮轮码头布局规划研究，助力打造邮轮产业链经济，配合部出台了行业发展指导意见。

服务民生。为响应国家战略要求、顺应人民美好生活需要，水运所直面挑战，敢于担当。2017年冬季，我国天然气供应面临极大挑战，严重影响了北方居民冬季供暖。在此背景下，水运所迅速挑选精兵强将，成立专项课题组公关，开展全国沿海与内河LNG码头布局规划研究。面临全新的货类，陌生的领域，课题组走访全国10余个省市、30余个港口码头、40多个企业，精心设计规划方案，为全国LNG码头建设发展提供了科学指导。为改善沿海岛屿陆岛的交通条件，使海岛居民出行更方便，货运更快捷，促进岛屿经济发展，水运所成立专门团队，长期跟踪、系统研究全国陆岛交通码头布局方案和建设重点，为解决陆岛居民安全便捷出行提供助力。

强国建设，开启新征程

党的十九大明确提出全面建设社会主义现代化强国的宏伟奋斗目标，提出建设交通强国战略部署。从此，交通强国建设拉开历史帷幕，开启新的征程。水运作为对外开放最早的行业之一，在交通强国建设中更应有全球视野、开放胸怀，努力做"一带一路"建设和人类命运共同体建设的践行者。水运所成立水运强国小组，积极参与中国工程院重大咨询项目"交通强国战略研究"，负责《国家综合立体交通网规划纲要》水运专题和长江经济带区域专题的研究工作，负责交通强国之水运篇"建设世界一流强港的指导意见"和"内河航运高质量发展研究"两大专题。水运所正在以全球眼光、战略思维,充分利用过去长期积累的理论功底、研究基础和人才队伍,努力为交通强国建设赋能。

二十一年风雨铸,不忘初心立潮头

回首水运所的历史,实际上就是我国水运行业的发展史。从改革以来的蓄势待发、1998年建院时的踌躇满志、21世纪前10年的急速发展,到如今业务的加快转型,交通强国建设的加快推进,水运所始终立于时代潮头,引领行业发展。

对于水运所而言:作为部的智囊团,他是幕后英雄,他所做的工作体现在一份份国家文件、一座座港口、一条条航道中;作为行业的规划师,他是践行者,他所走过的路体现在行业的每一次跨越、每一场变革、每一个辉煌里;作为规划院的中坚,它是贡献者,他所取得的成绩体现在每一位职工、每一个项目、每一次创新上。以水为师,凝心汇智,水运所正用21年的发展与行动践行自己的初心与使命。

潮头登高再击桨,无边胜景在前头。在这个千帆竞发、百舸争流的时代,水运所必将牢记自己的使命,以笃实求真、科学严谨的精神,专心致志,深思钻研;以海纳百川、以民为本的胸怀,刚柔并济,运筹帷幄;以锐意进取、守正创新的担当,不忘初心,使命前行!

5

安全所发展二十年历程
安全所集体

时光如水,岁月如歌。转眼间,随着规划院的成长壮大,安全所经历了20年的发展历程。在这20年中,一代又一代安全所员工砥砺前行,不断进取,为交通运输行业的长远、科学和安全发展献计献策,贡献智慧,做出骄人业绩。

巩固传统,实现优质发展

安全所是规划院成立之初就设置的业务部门之一。当时主要承担水上交通安全监管、通信领域的政策研究、规划编制和咨询设计工作。

在20年来的发展过程中,安全所抓住20世纪末开始的交通运输行业大发展这一有利时机,遵循规划院总体发展战略,立足行业实际,针对发展趋势,面向未来,积极应对,不断创新业务领域，拓展服务范围。全所业务覆盖面从最初的水上交通监管、通信，迅速扩展到行业信息化、环境保护、安全评估、支持系统等交通运输支持保障体系全领域。在有力支撑行业高效、科学发展的同时，也实现了自身跨越式的发展和进步。

随着业务的发展，按照全院统筹发展规划要求，所里承担的信息化、环境保护等业务先后分别成立了单独的部门，来负责相应业务领域的开展。为此，安全所的名称一直在变化，从最早的通信监控所，到安全环境所，再改为安全所。虽然从事的业务领域在不断调整、变化，由此造成人员的构成也一直在进行调配和重组。但是有一点一直未变，那就是在核心业务领域，安全所始终站在行业发展的顶端，成为行业技术发展的引领者。

自20世纪90年代，安全所聚焦行业安全监管方面存在的设施手段严重不足问题，通过加强技术力量配备，完成了我国当时规模最大、系统集成度最高、功能设施最完备、达到当时国际先进水平的港口船舶交通管理系统（VTS）——上海港VTS（一期）的咨询设计工作，并取得良好运行成效，为我国沿海港口水域水上交通安全监管业务的开展提供了有力保障。此后，安全所又先后完成我国第一个海岸型船舶交通管理系统——成山头VTS、长江干线第一个区域性船舶交通管理系统——南京至浏河口VTS、珠江干线水域第一个区域性船舶交通管理系统——广州VTS等工程的咨询设计工作。

目前，我国沿海和内河水域已建成50多个VTS系统，基本形成覆盖沿海重要港口水域和长江干线重要航段，形成纵贯南北、横跨东西的"T"字形格局，无论是VTS的数量还是VTS设备的技术水平都居世界前列。而安全所承担了其中绝大部分VTS系统的咨询设计工作，对提升我国水上交通管理能力和服务水平做出了突出贡献。

规划引领，助力全面发展

2005年，王旺（左二）在厦门参加部海事局船舶配备标准调研

在多年的业务工作中，安全所按照部领导"规划院在很大程度上不是考虑今天的事情，更重要的是考虑明天和后天的事情""规划院的思想和智慧，对引领和推动交通运输行业发展具有重要作用"等一系列指示精神要求，加强水上交通安全基础性研究，跟踪水上交通安全环境和安全事故的变化趋势，强化安全风险评估和管理对策研究，为国家和行业宏观决策提供科学建议。于2007年编制完成了第一个国家级水上交通安全监管中长期规划——《国家水上交通安全监管和救助系统布局规划》，成为指导我国水上交通安全管理和救助设施建设的顶层设计文件。规划的实施，对提高我国水上交通安全管理水平，增强应对水上突发事件的能力，切实保障人民群众的生命财产安全，促进经济发展，维护国家权益发挥了

重要作用。

为更好地引领行业的科学发展,安全所还先后承担了"十二五""十三五"公路水路交通运输建设规划、交通运输安全应急发展规划、海事系统发展规划、救捞系统发展规划以及南海应急搜救和航海保障专项规划等多个规划的编制工作,并为海事系统、救捞系统、长航系统的多家单位编制了建设规划和发展规划。部分规划成果文件得到部领导、委托单位的高度赞扬,为交通运输行业、交通系统单位的发展观提供科学指导,展现了我院在行业中的地位和作用。

与此同时,安全所还充分发挥其专业技术优势,先后承担了600多个重大项目的咨询评估和前期研究工作,涉及投资超过500亿元,为行业的发展贡献了大量的智慧和力量。

基于多年来业务工作的良好表现和取得的优异成绩,安全所荣获了2012—2013年度全国交通运输行业精神文明建设先进集体荣誉称号。

加强传承,注重高质量发展

在多年的业务发展和开拓中,安全所形成了一套完整的规范化、精细化技术成果质量管理保证体系,力求实现对每个项目业务工作流程的全过程覆盖。以规范化管理实现业务的刚性管理,明确项目参与人的职责和定位,强化责任的落实,形成良好的执行文化；以精细化管理，把项目研究的焦点聚集到满足委托单位的需求上，注重研究要点，抓住关键环节，使管理标准具体化，保证业务研究工作效率和竞争力，确保出院的每一项成果文件成为精品，充分满足委托单位的要求。

通过全所员工的共同努力，截至2018年，安全所先后有10余个成果文件获得中国工程咨询协会、中国航海协会、中国水运建设行业协会颁发的优秀工程咨询成果奖、科学技术奖和优秀成果咨询奖、设计奖。

人才是一个集体中最宝贵的资源，安全所也一直把人才的培养、人才梯队的建设作为所内业务管理的重中之重。多年来，安全所一直致力于为每一位员工都创造良好的发展平台，充分挖掘他们的潜能，发挥每个人的长处，让他们能够站在行业技术的顶层，在更高的起点上开始追逐自己的职业梦想。让每个人从中都获得自豪感，实现自己的人生价值。由此造就了一支技术能力强、敢于接受挑战、团结协作、充满活力的员工队伍。所里先后有杨立波等3人荣获交通运输行业"交通青年科技英才"称号，赵晋宇等3人获得交通运输部直属机关"优秀团员"荣誉称号。

面临挑战，实现可持续发展

当前，中国特色社会主义已进入新阶段。实现"两个一百年"奋斗目标，把我国建设成为社会主义现代化强国是全中国人民的奋斗目标。在交通运输行业，构建综合立体交通运输体系、实现交通运输行业高质量发展、建设交通强国是全体交通人的共同愿景。

面对这些新形势新要求，安全所业务发展面临更多、更高要求，存在众多困难和挑战，自身的发展环境也更加复杂。为此要在已有优势的基础上，进一步筑牢发展基础，提升业务水平，规范管理水平和业务工作效率，更好应对未来形势发展要求，实现自身可持续发展。

为适应新形势要求，更好地发挥行业智囊作用，安全所将在以下6个方面加大管理开拓力度：

一是继续强化为部服务、注意市场开拓。围绕行业大局和中心工作，全力以赴做好为部服务工作；增强人员技术力量配置，确保部研究课题的进度与质量。同时注重市场开拓，做好事前公关与服务，充分利用我院的综合优势、传统优势，提高市场竞争力。

二是加强基础性、前瞻性研究。进一步夯实研究工作基础，注重研究方法等核心技术手段的提升；加强水上安全规划理论和方法的研究，在现状分析与评估、形势分析和预测、目标及指标体系、布局理论和方法等方面形成完整量化指标体系。充分利用水上安全实验室平台，注重新技术新业态的跟踪，加强技术应用研究，提升水上交通安全监管的现代化水平。

三是强化成果质量全过程控制。在项目策划、资料收集、文件编制、成果评审等各个环节执行全过程的质量管理，实现课题研究质量的全过程控制，不断提升研究课题的成果质量。培养每位员工的质量意识，确保出精品。

四是进一步完善管理机制。修改完善所内议事制度，明确岗位职责，强化激励约束手段，注重落实。发挥激励机制对各级员工的调动作用。

五是优化人力资源配置。适当引进高质量综合型人才，发挥高端人才的优势。加强项目人员的统筹协调，做好以老带新，处理好培养人才与完成生产任务之间的关系。分析员工的专业、能力和特点，合理定位，注重研究人才、复合型人才的培养。

六是继续加强组织文化建设。树立"勤学、善思、远谋、实干、清廉"的价值理念，强化品牌意识，不断提升员工的凝聚力和荣誉感，增强工作的能动性。

"雄关漫道真如铁，而今迈步从头越。"站在新征程、新起点，面对新机遇、新挑战，安全所全体员工将继承和发扬优良传统，以新激情创造新业绩，用新奋斗实现新使命。

2016年，安全所在院首届综合运动会拔河比赛中勇拔头筹

6

我们和战略所的故事

张越评

作为一个非交通专业的学生,我却在机缘巧合之下来到了交通运输部规划研究院,荣幸地成为了战略所的一名员工。虽然在这里只工作了短短一年多,我对规划院和战略所却有了深厚的情感。借"不忘初心、牢记使命"主题教育活动,我采访了所里的几位前辈,倾听她们和战略所的故事,深入体会我院初心使命,也让我们新员工能更多地了解和熟悉战略所。

战略所的成长历程。战略所,全称为战略与政策研究所,成立于2003年,至今历经16年,这期间经历了多次变革重组。2005年底,交通部规划司成立战略处,战略所成为部战略处的直接业务对口研究部门。2008年,国务院进行机构改革和大部制改革,战略所更名为综合运输与战略研究所。2010年,从综合运输与战略研究所和其他所抽出部分技术骨干,组建成立综合所,综合运输与战略研究所又重新更名为战略所。2013年,又从战略所抽出部分人员成立物流所,两年后物流所并入综合所。2016年,战略与政策研究所人员结构再次调整，组织管理模式发生了变革和创新。

姚晓霞

政策室主任，2004年至今在战略所工作。

战略所历经的发展阶段。她将战略所发展划分为三个阶段："总体来说，战略所就像是规划院改革的一块试验田。2003年到2010年是战略所快速成长、不断发展壮大的阶段。当时战略所刚成立不久，研究的业务领域新，课题具有创新性和挑战性，员工普遍很年轻，整个团队有着积极向上的氛围，大家工作拼劲大、效率高。2011年到2016年间，战略所的组织架构、人员不断变化调整，业务发展有所停滞，业务领域不断调整，处于不断寻找合适定位的迷茫期。2017年至今，战略所进入平稳发展阶段，定位逐步清晰。尤其是随着我们所开始实行新的项目管理制度，成员的工作积极性明显提高，个人的各方面能力也得到全面提升，因为项目负责人不再是只是只会写报告的技术型人才，而是需要逐步成长为有较强组织协调能力的复合型人才，每个人身上的担子都更重了，但相信经过这样的历练之后，大家都会成长得很快。"

在战略所最大的收获。她说，这么多年研究工作教给了她一种思维模式，就是凡事都要从多角度去思考，去研究论证，给出多种可选择的方案，列出每项方案的优劣以及之后实施可能存在的问题，然后再做出选择。这种思维模式无论是在工作上还是生活中都有益处。她又补充道："另外，这份工作也给我带来了自信和自豪感。从最初的迷茫，到不断尝试，找到自己感兴趣的方向并深耕，随着对工作的熟悉深入，工作能力不断增强，会获得越来越多的成就感。这一切都是一点点累积的，也是顺其自然的。在这个过程中不断蜕变成长，变得越来越有自信，我为自己所从事的工作感到骄傲和自豪。"

对年轻人的寄语。"年轻人一开始可能不知道自己感兴趣的地方在哪，可以多尝试不同的领域，通过认真做好每一个手中的项目，积累经验和方法，再逐步扩展到其他领域，最后找到感兴趣的点并深入研究。记住认真做好一个项目，比泛泛地做数个项目更重要。"另外，她也强调团队协作的重要性："无论是在项目中还是运作上，规划院都注重打造团队品牌，这是规划院区别于其他交通科研院所的最大特点，也是优势之一。"

奉鸣

主任工程师，2005年在战略所实习，2006年加入战略所工作。

战略所在全院扮演的角色。"我认为战略所可能是规划院战略研究的领头羊和院改革的孵化器吧。"她解释道，"从原来的战略所、综合运输与战略研究所到战略所、综合所，再到分出物流所，最后到成立新的战略所，战略所在不断地变化变革，同时也孕育出了一批优秀的技术骨干。这些人都成了其他部门的中坚力量，在一定程度上，战略所对院的机构改革起到了孵化器的作用。同时，战略所在研究层面上，为部里和院的战略研究领域起到了支撑作用,产生了一大批有影响力且具有挑战性的战略课题,如公路水路交通运输结构调整、交通运输向现代运输业转型研究、交通运输投融资研究、中国交通运输发展白皮书、交通运输现代化战略研究、支撑交通强国建设纲要的有关研究等,这些课题对交通运输行业的战略研究具有重要意义。"

战略所的最大特点。当被问到用一个词来概括战略所的特点时,她不假思索地说出"创新性"这个词。"战略所一直在不断地开拓新的研究方向,挖掘新的研究领域,挑战新的课题。无论是我曾经负责承担的中国交通运输发展白皮书课题,还是交通强国建设纲要有关专题研究和现在的国家综合立体交通网课题,这对我们来说都是新的研究和新的挑战,但是我们从来都没有畏惧。"她停顿了一会儿,继续说道,"尽管战略所一直在变化,业务和人员都在变化,希望在变化中能有坚持不变的东西,不忘初心,牢记使命,推动交通运输战略性研究再上新台阶。"

在战略所难忘的事情。说起令她难忘的事情,她想了一会儿,说有挺多难忘的事情。"我刚到战略所实习时,时任戴院长就安排我在长春讲解部西部项目科技展,后来我和同事一起熬夜做交通工作会议的PPT,参加所里组织各种论坛和研讨会……工作中令我记忆最深刻的就是和部里政研室一起研究《中国交通运输发展白皮书》。这一切都是从零开始,从收集资料,建立工作机制,到面向全球发布,战略所做了很多创新性工作。在这过程中,我有幸和现在的杨书记一起工作,聆听他的指导,让我受益匪浅。"她说除了工作，战略所就像一个大家庭一样，在生活中大家的交往也很多。"我们经常组织一些团体活动，比如当时为了欢迎我重新回归战略所，大家一起在我家聚餐烧烤，当时人多到家里都装不下，只能分批吃饭，我家现在还有当时聚餐时同事赠送我的白酒，说是等到下次家里有重大庆贺时，大家一起畅饮呢。"

对年轻人的寄语。她希望年轻人一定要做到两点，一是要有开阔宽广的视野，二是要把基础功打牢。"首先要立足自己的专业特长，发挥自己的优势。在做项目时，一定要打牢基本功，注重方法，弄清基本概念，思考下笔的内容，而不是堆砌资料。其次再去扩展，去做创新性和挑战性的项目，否则只是空中楼阁。"她说，"做几个量上的课题都不如做一个有深度的课题。"

高翠

工程师，2011年至今在战略所工作。

在战略所难忘的事情。"想起来似乎都是加班熬夜的事情。记得我实习期间配合参与多个紧急项目中期成果汇报和结题评审，有一次连续熬了两个通宵，困了就在办公室椅子上躺着休息一会儿，第二天接着上班。还有刚工作时和大家一起封闭，加班赶低碳试点方案报告。"她似乎突然想到了什么好玩的故事，忍不住笑着说道，"有一次参加浙江省道路运输发展"十三五"规划课题，也是与课题组一起在浙江通宵准备汇报材料，第二天迷迷糊糊走错洗手间了……其实这样加班到迷糊的事情很多，我都记不清楚了。"

在战略所印象最深刻的人。"很多人都帮助和关心过我,其中文总对我影响很大。"她所说的"文总"就是2018年刚退休的张小文总工程师。她接着说:"他是一个忘我工作、忘我奉献的人。文总对工作很严谨,有时候有些较真,有文总参加的会议经常能听到激烈的争论声;文总对年轻人很关心,不但给予工作上的指导,更给予人生方向的引导。他曾在我工作和人生最迷茫的阶段,不厌其烦地开导我,让我重新找到工作和生活的方向,这些我唯有铭记在心。"

战略所的组织文化。她认为战略所是一个多彩的集体,有各种不同性格的同事,有的很真诚,有的很温暖,有的很严谨,有的很随和,有的很有趣,但大家都有的共同之处是对交通行业的热爱,对求真务实的追求,以及对独立人格、自由精神的尊重。"通过和谐有效的管理和包容向上的文化,把各种不同性格的人凝聚在一起,各尽其长、各尽所能,发挥出超强的战斗力,这就是战略所的组织文化。"她继续说道,"我们的工作既有意义又有挑战性,需要对行业有全面的了解、深入的思考和丰富的积累,我们都在路上,任重道远。"

张越评

助理工程师,2018年至今在战略所工作。

初到规划院,初识战略所。记得我第一次来规划院参加面试时，我到时是早上八点钟，抬头一看，只见数十层高的规划院大楼，每一层窗户都点着明亮的灯光，原来早已有人来到办公室开始工作了，那时我就被大家努力的工作态度所触动。

还有之后的面试环节，等了近两个小时的我紧张地在走道来回踱步，这时一位跟我素不相识的面试领导（入职之后得知是袁春毅副所长）出来看到了我，微笑地说："不要紧张，正常发挥就可以了。"我很感动，这句话让我当时焦虑紧张的情绪瞬间缓和了。在面试中，领导们一直在问我关于大数据与交通行业结合的问题，看得出他们对前沿领域很关注，对热点十分感兴趣。当我紧张时，他们就会开一些小玩笑来缓和气氛。这些都让我觉得规划院是一个既有着严谨研究态度，又有着轻松工作氛围的好单位，于是我更加坚定了加入规划院的想法。

加入规划院，成为战略所员工。 后来我如愿加入规划院成为战略所的一名员工，随着一年多的工作，我愈发喜欢规划院，喜欢战略所。因为在这里我认识了一群真正热爱交通事业并为之努力奋斗的人，在这里我也学到了很多新的知识，在这里我参加了各种丰富的文娱活动，每周的瑜伽、羽毛球、健步走等体育活动，定期组织的读书漂流活动、书法课等文化活动，还有战略所定期组织的研讨班、交流学习分享会……这些让我从内到外都在不断成长和学习，这些都将成为我最美好的规划院记忆。

7
工程咨询室发展纪实
杨星

2005年,一群风华正茂、意气风发的年轻人积极响应公路行业发展需要,在院领导的号召与带领下,组建了工程咨询室。十五年的风雨兼程,铸就了一支特色鲜明、品牌响亮、在行业颇具影响力的团队;十五年的拼搏奋进,成就了一支甘于奉献、求真务实、团结友爱的团队。

工程咨询室在成立之初仅有5人,随着队伍的不断壮大,目前已形成包含路线、路基路面、桥梁、交通工程、景观设计、投资估算等多个专业在内的综合性团队。十五年来,工程咨询室业务领域已拓展到公路勘察设计新理念技术咨询、绿色公路及旅游公路技术咨询、公路工程可行性研究、公路工程建设技术及管理政策研究等多个领域。十五年来,工程咨询室在院领导和历届所领导的带领下,攻克了一个又一个难关,建成了一条又一条路景相宜、独具特色的公路,实现了一次又一次的思想飞跃与理念提升。

上下求索，凝练升华公路建设理念

取长补短、提升理念、不断创新。2003年前，我国公路工程建设始终处于"大填大挖"的粗放状态。为扭转这种局面，改变落后的建设理念，以我院主要技术人员为首的专家团队从美国引入公路宽容设计、灵活设计和创作设计理念，并在此基础上形成引领和指导我国公路工程勘察设计的全新理念——"六个坚持、六个树立"。自2004年以来，公路所领导带领工程咨询室团队一直致力于公路勘察设计新理念的宣传、推广与示范工程技术咨询工作，在扭转和提升我国公路设计人员思维和理念方面发挥了积极作用。2016年以来，在国家全面倡导"创新、协调、绿色、开放、共享"五大发展理念及部积极推进"四个交通"建设的指引下，我院工程咨询室团队又主动跟进、积极谋划，在绿色公路、交旅融合领域不断探索和创新，了解前沿理论和最新政策动向，在行业内塑造了一支独具特色的咨询团队，创建了我院特有的咨询品牌。

凝心聚力、主动作为、服务行业。十五年来，工程咨询室深度参与了交通运输部公路建设领域相关政策与解读文件的起草工作。在院及所领导的带领下，牵头组织编写了《新理念公路设计指南》《公路工程建设项目用地指标》等行业文件及技术指南，配合部完成了"公路建设管理体制改革研究"课题，牵头起草了《关于实施绿色公路建设的指导意见》以及相关政策解读文件，多次代表部公路局到各地开展绿色公路政策解读与宣讲活动，参与完成了《绿色公路建设技术指南》的编写工作。对行业政策的及时跟踪与了解，确保了工程咨询室在公路建设理念方面能够始终处于行业领先地位，并在一定程度上推动着公路建设理念的全面提升。

以笔作画，将美丽镌刻在祖国大地

工程咨询室的立室之本就是围绕公路勘察设计新理念开展技术咨询工作，即要把"自然、环保、安全、舒适、高效"等理念贯穿到公路设计及建设的方方面面。在十五年的实践探索中，工程咨询室团队用满腔的热情和汗水，见证了一条条"路景交融、心旷神怡"的美丽景观公路的诞生。

2016年，工程咨询室团队调研冬奥会重点工程——延庆至崇礼高速公路现场

路景交融、美在路上,着力打造公路设计新理念咨询特色品牌。2004年通车的川(主寺)九(寨沟)路,是我国公路勘察设计全新理念的生动诠释,是我院公路所和四川省公路勘察设计院共同的智慧结晶。关昌余副院长、丽萌副所长、雷云霄等同志深入项目现场,有时候一待就是半个多月。通过他们的循循善诱与耐心指导,现场所有参建人员,尤其是施工队伍的积极性都得到了极大提高,大家从之前的"要我干"变成了后面的"我要干"。最终参建人员群策群力,建成了一条全国典范、行业领先、四川骄傲的美丽公路,还原了九寨沟最美的风景和最宜人的体验。2011—2014年期间,受北京市交通委员会路政局委托,工程咨询室承担了G108国道(北京段)改造的全过程咨询。从项目改造的总体规划、初步设计及施工图设计技术咨询,到施工现场技术指导,再到示范工程总结验收与技术指南编制,四年的时间改造出一条焕然一新的普通国道示范工程。整洁的路容路貌、生机盎然的生态边坡、完整齐备的道路标识、特色鲜明的服务设施,使得项目受到了交通运输部领导的特殊表扬。2012年5月,受时任新疆维吾尔自治区党委书记张春贤的邀请,在院领导和所领导的带领下,工程咨询室团队奔赴新疆,就那拉提景区和喀纳斯景区的旅游公路进行了长达三年的全过程技术咨询。经过反复的沟通与图纸确认,一次次的现场踏勘,向自治区交通运输厅领导多次沟通汇报,三年的付出使我们的理念全面贯彻落地。在那拉提项目的现场汇报中,现任工程咨询室主任杨星受到现场景色与公路人精神的感动与鼓舞,写下了《在路上》的优美诗篇,对项目的美好愿景进行了深情展望与生动描绘。2011—2013年间,工程咨询室团队还深度参与了辽宁丹通高速公路——一条被誉为我国最美高速公路的施工过程技术咨询。独具特色的高速公路观景停车区、与环境融为一体的隧道仿生技术、各种仿木及仿石挡墙以及独具特色的隧道中分带绿化等,为这条最美高速公路增添了浓浓的色彩。

用心研究、把对自然的敬畏和呵护体现在每一条绿色公路的工程细节中。2016年,受河北省交通运输厅委托,我院工程咨询室团队承担冬奥会重点工程——延庆至崇礼高速公路工程可行性研究与设计技术咨询工作。在咨询过程中,我院咨询专家团队秉承新时期绿色公路设计理念,坚持"最低程度的破坏和最大力度的恢复"。通过多轮多方案比选,我院针对从韩庄至棋盘梁的28公里高差大、连续长下坡路段的情况,提出了在国内具有高度影响力的螺旋展线方案。通过螺旋展线,不仅有效克服了高差,加大了对沿线山体植被的保护,提高了冬季公路运营的安全性,同时项目整体造价也得到了有效控制。在对每一条绿色公路典型示范工程的咨询过程中,工程咨询室团队始终坚持从源头入手,以路线优化为主基调,通过填挖平衡控制、借方与弃方优化处理、集约节约用地等多种措施手段,真正践行了绿色公路注重工程实体本身的绿色这一核心建设理念。在多次绿色公路典型示范工程的技术咨询中,工程咨询室团队得到了地方业主的高度评价与认可，一些技术咨询亮点也成为绿色公路设计的典范案例而得到大力宣传和推广。

潜心积累，致力于交旅融合领域的品牌打造与行业地位提升。2016年以来，我国进入了"资源大整合、区域大协同、发展大融合"的时代，交通与旅游融合发展成为深化供给侧结构性改革的先手棋和推动交通运输转型发展与高质量发展的重要抓手。工程咨询室团队积极组织相关研究与探索，开展了大量的"交通+旅游"项目的策划及技术咨询工作。从河南信阳明岗至鸡公山高速公路和河南渑池至淅川高速公路到江西祁门至婺源高速公路，从贵州荔波绿宝石旅游风景道、都匀云中茶道旅游公路、大娄山旅游公路和四川广安邓小平故里至华蓥山景区旅游公路，再到浙江台州三门旅游风景道等一大批项目的策划咨询，使我院工程咨询室在交旅融合领域的技术水平得到了极大的锻炼与提高。同时，通过"四川省九寨环线交通旅游融合发展模式研究""四川省交通与旅游融合发展创新模式研究"，院科技开发项目"旅游交通综合体规划与布局方法研究"，以及院首席研究员课题"旅游交通综合体理论、规划与设计方法研究"等课题的承担，工程咨询室在交旅融合的理论构建及顶层制度设计方面也有了一定的建树和新认知。这一系列的实践探索，使工程咨询室在全国的交旅融合咨询领域抢占了先机、树立了品牌，并保持了我院长期以来在旅游公路研究、设计与建设咨询等方面的领先地位。

抛洒汗水，以步为车，循序善诱，以技服人

不畏艰险、勇挑重担。工程咨询室的工作领域涉及多个方面，很多工作要在实地踏勘中完成。近年来，公路交通基础设施建设越来越倾斜中西部地区，尤其是山岭陡峻、海拔较高的区域，给咨询工作带来了极大的挑战。但是，工程咨询室团队从未因工作条件恶劣而退缩。他们奔赴沙漠，在近40摄氏度的高温下踏勘调研，领略南疆的大美风光；他们奔赴高原，在海拔3800米高的稻城、亚丁勾画着未来的美好蓝图；他们奔赴海滩，冒着酷暑和炎热，为绵长的南海之滨镶上了最美丽的金边。他们经历过台风，赶遇过地震，遭遇过滑塌，遇到过暴雨。最令他们难忘的是2017年8月8日的九寨沟地震。地震当日，杨爱国副所长正带领工程咨询室团队在九寨沟景区沿线调研，下午4点钟他们离开神仙池景区后前往松潘县城。晚上9点10分，九寨沟县城发生了7.0级地震。值得庆幸的是，他们与地震擦肩而过；但令人难过的是，他们刚刚看完的景区、负有盛名的川九路以及美好的旅游轨道交通构想瞬间陷入困境，那么多受伤的百姓和损毁的自然景观让他们叹息和悲伤，但这一切也让团队更加坚定了帮助九寨沟灾后重建恢复交通的决心。

循序善诱，以技服人。咨询是室主要业务，通过咨询提高设计建设质量是主要手段。"搞咨询工作是最难的，想要说服别人也是最难的，改造人的思想则是难上加难的。"这是工程咨询室

杨智生专业副总工经常挂在嘴边的一句话。在与设计单位的屡次"交锋"过程中，为使设计单位能够接受我们的思想和理念，每次我们的咨询意见都不仅仅是在"纸上写写"与"嘴上说说"，而是一笔一画地将咨询方案全部展现在图中。我们的咨询工作是不仅要告诉对方他们的方案存在什么问题，有哪些需要改进和提升的地方，而且还会把到底怎么改、改成什么样全部告知对方，让所有设计和业主单位都能够充分了解问题的根源所在以及我们的核心咨询思想。咨询的工作过程虽然十分艰辛，与不同人员的沟通有时也比较费力，但看到祖国的大地"绣"上了一条条倾注自己无数心血和汗水的美丽公路，所有的委屈与心酸、辛苦与不易、劳累与疲惫都消失殆尽，只留下无限的骄傲与自豪。

以对历史、对人民、对行业负责的态度开启每一次挑战。公路工程项目建设用地始终是公路行业关心的大事。2010年，受住房和城乡建设部、国土资源部和交通运输部委托，工程咨询室承担了《公路工程项目建设用地指标》的编制工作，2011年该标准正式印发。时隔10年，工程咨询室再一次受交通运输部和自然资源部的委托，承担《公路工程项目建设用地指标》的修订工作。自2019年9月起，项目组先后调研了东南、华南、华北及西南片区的36个公路服务区，召开了4次共18个省市参加的座谈交流会，收集到23个省份的函调资料，共处理2478个服务区的基础数据。以王身高专业副总工为首的项目组高度重视此项工作，在2020年春节及疫情期间加班加点。为使服务区用地布局测算更加精准，更具有实操性,王身高还亲自编写了服务区用地布局及指标测算程序。他经常告诉项目组:"我们做的每一项研究、每一个数据都要本着对行业负责、对人民负责的态度,只有这样,我们的成果才能经得起历史的检验,才能不辜负两部委和行业对我们的信任。"

大力宣传,树立品牌,扩大影响,稳固地位

扩大宣传,不断提升行业影响力。为全面提升我院在公路工程咨询领域中的地位与影响力,工程咨询室积极投身行业热点的研究中,并通过大量的社会活动扩大宣传,提升我院核心影响力。2017年,工程咨询室与北京交通大学、中国公路学会一起积极谋划成立旅游交通工作委员会。2018年,工程咨询室又与北京交通大学一起组织了"旅游交通30人论坛"。2017—2019年,工程咨询室连续三年参加旅游交通融合发展论坛并做主旨发言,参加世界交通运输大会做主旨发言,参加美丽乡村路建设论坛做主旨发言。工程咨询室主任杨星曾多次代表部公路局进行绿色公路建设政策的有关解读与宣讲,曾接受《中国交通报》《中国旅游报》及厦门电视台等记者采访,发表关于普通国省干线改造、绿色公路建设以及旅游交通方面的认知与看法。杨星主任还多次接受《中国公路》杂志的邀请,撰写关于绿色公路、旅游公路及旅游资源开发等相关文章。这些积极的社会活动使我院在绿色公路、交旅融合等领域的影响力与知名度不断提升,保持了我院在

公路工程咨询领域的先进性与引领性。

着力培养行业专家。我院关昌余副院长、丽萌副所长和杨智生专业副总工相继被列入交通运输部公路勘察设计新理念典型示范工程专家组与绿色公路典型示范工程专家组。2017年11月，杨智生专业副总工被授予中国公路学会旅游交通工作委员会特聘专家称号，杨星主任被聘为中国公路学会旅游交通工作委员会副秘书长。2018年12月，杨智生专业副总工成功当选为我院首席研究员，并以旅游交通综合体这一全新的概念为切入点，创新研究交通与旅游在设施节点融合方面的理论与设计方法，为促进行业可持续发展贡献了智慧和力量。

成效显著、示范效应明显。工程咨询室成员长达数年的努力，换来的是一个个项目的相继建成，一条条美丽公路的精彩呈现和一次次理念的落地生根。2004年开始咨询、2019年第二次咨询的川九路成为公路新理念设计的标杆工程。2010—2014年咨询完成的G108国道（北京段）改造示范工程得到了交通运输部领导及沿线百姓的一致好评，并成为国省干线改造项目的参观示范基地。2012—2014年咨询的新疆那拉提景区公路成了国内生态旅游公路的建设典范，受到了自治区领导的高度认可。2017年开展的河南信阳明岗至鸡公山高速公路交旅融合策划方案研究，开创了我国高速公路交旅融合理论体系构建和实践探索的先河，在方案汇报时得到了来自交通、旅游、国土等部门领导的集体称赞。这一系列的成绩来之不易，每一个成绩都浸透着咨询室成员的汗水和泪水,但当这些汗水和泪水转化为规划院的荣誉时,留在每个人心中的都是不尽的宽慰与深深的自豪。

憧憬未来,我们充满信心和豪情壮志

十五年的风雨兼程,十五年的奋力拼搏,成就了这样一个团结友爱、攻坚克难、永攀高峰、撒播智慧的团队。大家清醒地认识到:工作的意义在于飞速发展的交通事业,在于一路上的结伴同行、共谋大业,在于一路上师友相伴、诗酒年华,在于一路上波澜坎坷、跌跌撞撞,在于一路上汗泪交加、肆意挥洒……

每一个梦想都有属于自己的天空。站在新的起点上,每一位工程咨询室成员都应该不忘初心、牢记使命,以满足人民群众对美好生活的向往与追求为根本出发点与落脚点,在公路转型发展黄金期及高质量发展的关键阶段,与规划院同呼吸,与规划院共荣辱,继续挥洒自己的青春与汗水,奉献自己的聪明和才智,勇挑重担,砥砺前行,勇做时代的领路人。

我们一直在路上!

8

谭先林：守交通人初心，担中路港使命

刘溪

　　1987年5月，彼时谭先林（我们习惯称他"谭总"）刚刚走出同济大学的校门，只身来到北京，迈入规划院前身——交通部公路规划设计院，投身规划院发展和国家交通事业开拓的工作。2005年，规划院唯一的全资子公司——中路港（北京）工程技

2005年5月中路港公司成立大会

术有限公司（简称"中路港公司"）正式组建，谭总作为公司创立的见证者，投入到公司的经营发展当中去，先后担任了总经济师、副总经理、监事长。从青葱少年到年逾半百，三十余载的青春年华里，谭总始终不忘初心，牢记使命，践行一名中路港交通人不变的誓言。

"规划院从成立之初，便紧扣时代脉搏。"

不忘初心，方得始终。在谭总看来，规划院的初心，就是以科学严谨的作风为人民交通事业做好规划、谋好布局，以高质量的咨询建议为交通运输部决策提供智力支持。规划院的使命，就是为建设现代化综合交通运输体系提供坚实的技术保障和智力支撑，为早日实现中华民族伟大复兴的中国梦贡献"交通力量"。回想参加工作之初，正值交通部开展"三主一支持"发展规划研究，对全国公路主骨架、水运主通道、港站主枢纽及支持保障系统进行统筹谋划。在研究公路主骨架时，谭总回忆到，当时的项目组除院领导外，项目负责人和主要参与成员大多都是青年员工，大家都在摸着石头过河，不断探究前行。一群富有朝气、富有梦想的年轻人不断攻坚克难，在接力奋斗中，将图上一道道线条变为现实，为20世纪90年代国家公路网络大规模建设指明了方向，奠定了基石。从12条3.5万公里的国道主干线，到如今超过14万公里的高速公路，从"五纵七横"公路网主骨架，到横贯东西、纵贯南北、内畅外通的"十纵十横"综合运输大通道,规划院人始终站在行业一线,紧扣时代发展脉搏,为实现交通强国的梦想不懈努力。

> **"求真务实、技术立身、勇于探索是中路港公司一贯的精神传承。"**

回顾中路港公司创立的初心,谭总提到,公司最初以交通规划、工程咨询和勘察设计业务为主,目标是强化和补充规划院在服务地方、工程技术方面的能力,同时为院研究成果转化应用、人才队伍培养和梯队搭建贡献力量。我们不但要将交通运输部各项行业政策、规划院先进理念方法向地方拓展延伸,也要持续夯实工程技术能力,争当新兴业务创新发展的排头兵。虽然公司在十几年的发展历程中,遇到了人才队伍建设、业务市场拓展、资质资信建设等方面种种困难,但我们始终将"求真务实、技术立身、勇于探索"的精神一以贯之。回想起过往的调研经历,谭总仍历历在目,无论是年近六旬的老前辈,还是朝气蓬勃的青年同志,中路港人始终脚踏实地、不畏艰苦。

2012年7月谭先林在四川阿坝调研

在喀纳斯的阿尔泰山下反复选线，在滔滔的怒江水旁急速颠簸，在青海穿越无人区扶贫攻坚，在湘江两岸探索城市交通新业态……我们坚守的初心，是专心专注、专业专一的恒久之心。

"科研攻坚路漫漫，志在巅峰不辞遥，创新源于过去不断的积累。"

在谭总眼中，技术是立身之本，"无论做什么项目，都要先从技术层面做好研究，要抱着客观公正的态度，在科学合理和满足要求中寻找平衡"。在长期从事工程可行性研究的过程中，谭总逐渐在交通需求预测、经济分析评价等方面形成了独有的专业特长。回想刚参加工作之初，TransCAD等预测软件还没有广泛普及，而交通需求预测的准确与否直接影响工程项目是否合理可行。本着勇于创新、严谨求实的学术态度，他选择迎难而上，自行研发了交通需求预测分析程序，创新地提出基于交通量预测的经济效益测算方法，在交通行业内得到广泛的、无偿的应用。谭总认为，创新是在大量积累的基础上突然闪现的一点光芒，脱离基础的创新是思想上的急功近利，是行动上的空中楼阁。在谈到科研创新是否遇到困难时，他说道："年轻就是要干事，任何困难都能想办法克服"。看到自己参与的研究成果真正落实在祖国广袤的土地上，是一名交通人获得的最朴实的认同感和最真切的自豪感，是对自己为交通事业奉献青春最珍贵的回馈。

"严谨治学，谦和风范，提携后学，甘当人梯。"

　　青年员工眼中的谭总，总是保持着儒雅谦和的学者风范。作为规划类项目的三审负责人，谭总从未放松对自己、对技术的要求。从市场拓展到研究思路，从总体架构到语句辞藻，他总是尽心竭力、毫无保留地给后辈最大程度的帮助。在问及如何将软件开发与交通规划交叉融合时，他笑着说："这只是个爱好而已"。"桃李不言，下自成蹊"，多少交通人都本着功成不必在我、功成必定有我的精神埋头苦干。我们在谭总身上看到的，是一名交通人最本真的处世态度，是隔离于浮躁喧嚣外难能可贵的平和。

　　如今，55岁的谭总仍然坚守公司技术管理岗位，带领中路港公司的规划和工程咨询团队继续奋战在科研创新的一线。当谈到对青年员工的希望时，他认为，每一代青年都有自己的际遇和机缘。二十年前，作为青年的他投身到国家"三主一支持"的建设浪潮中，二十年后，我们这一代肩负起建设交通强国的历史重任。展望未来，青年一代大有可为，也必将大有作为，应当守住初心，勇担使命，坚定信念继续前进，用青春和汗水书写不悔人生。

9

难以忘却的初心

林莉贤

走进规划院公路所的会议室,首先映入眼帘的是几面红得耀眼的"先进集体""文明集体"等锦旗,以及两排整齐划一的铁皮书柜,里面有序地陈列了公路所多年的丰硕成果——《国家高速公路网规划》《国家公路网规划》《汶川地震灾后公路恢复重建规划》《交通建设扶贫规划》《公路水路交通"十一五"发展规划》《公路交通"十二五"发展规划》《公路所同志挂职报告》……书柜的金属材质让这些报告更具沉重感。据不完全统计,自1998年建院以来,公路所共承担各类研究项目3000多项,其中部下达的指令性课题500多项,公路建设前期项目审核评估超400项,国家公路运输枢纽规划审查、前期审核评估100多项,合同性项目近2000项。这些研究成果的形成,为我国公路交通事业的全面快速、可持续发展提供了强有力的支撑。

一本本沉甸甸的规划报告、一册册精美的规划图集,凝聚了公路所交通规划人的智慧与汗水,体现了公路所一直以来的坚持、坚守和坚韧,不因时间而改变。

一页一页地翻阅着这些成果报告，我仿佛看到了关昌余忍着慢性胃病的痛楚，与公路所一道，不畏艰险、身先士卒，颠簸在汶川地震抗震救灾现场；"国家公路网规划"课题组五年磨一剑，日复一日地加班，从不停歇；刘丽梅、徐华军、汪忠等克服重重困难，深入集中连片特困地区实地调研；马俊、韩先科、袁春毅、邵洁等频繁地奔走在祖国边疆……

抗震救灾

2008年5月12日汶川地震发生后，规划院坚决贯彻党中央、国务院的指示，从实际出发，发挥自身优势，对口支援，帮助地震灾区开展交通恢复重建工作。2008年5月13日上午，在部规划司的统一领导下，关昌余、肖春阳、汪亚干、丽萌、杨爱国、杜江涛、徐华军、谢典、刘东9名同志奔赴重灾区。他们分别深入到理

时任院长徐光（左三）、党委书记徐世强（左二）为即将奔赴抗震救灾一线的调研组送行

调研组启程

临行一别道珍重

县、汶川、茂县、都江堰、映秀、彭州、绵竹、什邡、江油、青川、北川、平武、安县等重灾区,对灾区交通恢复重建规划进行现场调研。

关昌余同志率领的第四调研小组,在灾区道路全部被毁、行车艰难情况下,冒着因余震山体时有滑坡坍塌、常有乱石滚落伤人的危险,深入重灾区,起早探黑,日夜兼程1000余公里查看公路毁坏情况。他们去彭州、什邡考察了省道105线和106线,到龙门山断裂带考察了农村公路,在安县千佛山马颈顶考察了堰塞湖。

关昌余同志因平时工作劳累,长期患胃溃疡,多次发生胃部大出血。医生为他在胃里放置止血钳,要求他一定要多休息,否则,若再大出血治疗相当困难。赴地震重灾区现场调研,生活条件艰苦可想而知,工作强度之大更不必说,作为从公路所走出来的院领导，关昌余同志坚定地说："为了灾区的恢复重建，我有责任，我必须去，我应该去。"灾区条件尤为艰苦，调研组人员常常只能吃自带的八宝粥、饼干、蛋糕等食品。由于这些食品都是酸性，加之吃饭时间不规律，对胃损伤较大，关昌余同志一直忍受着胃部的不适坚持工作。他没有任何怨言，一心扑在灾区交通恢复重建的工作上，白天现场调研，晚上加班整理调研资料，夜以继日地忙碌着。完成灾区现场调研回京后，关昌余同志顾不上休息，带领调研组第一时间提出了公路恢复重建规划方案，并与四川省交换了意见。随后在全院职工大会上，他做了抗震救灾工作报告，以他和同志们的所见所闻，翔实介绍了强烈地震对公路交通的毁坏情况，高度赞扬在抗震救灾工作中交通人为保障救灾物资运输做出的巨大贡献并讲述感人事迹。

杨爱国同志和丽萌同志随组冒雨去映秀镇考察了国道317线，又去彭州、什邡、绵竹等重灾区考察了省道105线及周边公路，在查看一座损坏的桥梁时，发生了6.4级余震，幸好有惊无险。

汶川地震发生之时，丽萌同志和汪亚干同志正在青海出差，在海拔4000米以上的海西、海南地区

丽萌在汶川地震现场

奔波了8天，行程4000公里。5月12日下午刚回到北京，听说要赴灾区现场调研，二人坚决要求参加。他们从机场直接到院里接受任务，没有任何休息调整，次日即随调研组奔赴灾区。丽萌同志的父亲年近八十，高血压病情较为严重，在丽萌出差前他已被送去医院急诊数次。此次调研丽萌同志虽然很担心家里，但仍毫不犹豫，坚持奔赴灾区。

徐华军同志，家中妻子6月初即将临产。考虑他的特殊情况，起初并未安排他参加此次任务。但徐华军主动请战，表达了他要赴灾区的决心。这种"舍小家、顾大家"的精神深深感动了公路所的领导和同志们，最终所里同意了他的请求。带着重建灾区的决心和对即将分娩的妻子的歉意，这位准爸爸和公路所其他8位同志奔赴四川重灾区工作。

他们不畏艰险，身先士卒做表率，关键时刻冲锋前。正如共产党员杨爱国同志道出大家共同的心声："作为光荣的赴川工作队员，我们坚决做到以做好调研工作为己任，听从指挥、不怕困难，弘扬抗震精神，树立规划院良好形象，不辱使命，保证完成交通运输部赋予的任务，将灾区公路重建规划做实做好，请大家放心！"共产党员坚定的话语铮铮响起，表明了共产党员夺取抗震胜利的坚强意志和决心。

2010年"4·14"青海玉树地震、2010年"8·7"甘肃舟曲特大泥石流灾害、2013年"7·22"定西地震、2013年"4·20"四川雅安地震、2014年"8·3"云南鲁甸地震、2016年长江流域暴雨洪涝灾害、2017年"8·8"四川九寨沟地震……一次次重大自然灾害面前，公路所的同志始终不畏艰难、冲在一线，现场调研、摸清灾损、指导灾后恢复重建工作。他们用实际行动贯彻落实了党中央、国务院提出的"一切为了灾区，一切为了抗震救灾"，贯彻落实了交通运输部党组提出的"做好'三个服务'"的要求，也进一步深化了规划院"服务人民、服务政府、服务行业、做交通运输部的智囊团"的宗旨。

国家公路网规划

时光飞逝，从1981年到2009年国家公路网规划项目启动，当初划定的国道网布局方案已试行近30年，无法适应近些年经济社会翻天覆地的变化，必须做出调整。但是，怎样调才能更加方便人民群众出行，才能满足经济社会发展的需要，才能符合可持续发展理念？这些问题一直萦绕在公路所领导的心头。

"作为交通运输部的智囊，作为交通规划人，作为党员，我们必须站在国家层面，以老百姓的根本利益为出发点。"负责人信红喜同志铿锵有力的话语诠释着课题组同志们的担当。

此次的国家公路网规划，普通国道"通县"是一个亮点，就是由规划的新线路，把普通国道和县级行政中心连接起来，形成更加密集、更加实用的全国公路网络。课题组坚信，如果这个方案能够实现，无论是在国家的宏观战略方面还是服务公众方面，都会是一个突破。确定国家高速公路的目标更加困难，方方面面的关注程度更高。国家高速公路连接多少人口规模城镇合适？西部地广人稀地区需不需要修建高速公路？"连接20万以上人口城市和地级行政中心，利用远期展望线覆盖西部地区，是兼顾效率与公平的合理选择。"肖春阳说。但新的规划思路要达成一致，并不是轻而易举的事情。关昌余同志、石良清同志同课题组一起经过数十次的反复讨论、思想碰撞，反复与专家和各省市交流，十多次向时任副部长翁孟勇同志汇报，与国家发改委沟通协商近三年，规划思路和方案逐渐得到多方认同。2013年6月，国务院批准了《国家公路网规划（2013—2030年）》。"五年，困难不少，过程肯定是辛苦的。无论有多少阻碍，有多少困难，看到规

石良清在青海调研

划效果的时候，所有的付出都值得。"说到国家公路网，信红喜的眼里总是充满了一种难以言说的喜悦。

"我们做规划不能简单地看成是写一本报告、画一张路网图，规划的背后是要支撑国家经济社会发展，满足老百姓便利出行的需求，所以做规划一定要深入调研、科学论证。只有这样，我们做的规划才能经得起历史的检验，给人民交上满意的答卷。"石良清一语道出了公路所规划人的那份内在的精气神和始终传承的责任感。

集中连片特困地区交通建设扶贫规划

2012年7月13日，全国集中连片特困地区交通扶贫开发工作推进会在四川成都召开，交通运输部与19个省（区、市）签署共建协议，开启了十年交通扶贫攻坚的大幕。在交通扶贫重大任务的背后，忙碌着由公路所20多人组成的庞大团队。

"集中连片特困地区大多处于边远山区，山高沟深、条件恶劣。交通不便让贫困地区的老百姓一辈子都没机会走出大山。"石良清强调，"因此，我们心中必须时刻装着老百姓，想着老百姓的实际需求，通过交通扶贫切实改善农村地区出行条件。"

"交通扶贫规划要以解决制约贫困地区交通运输发展瓶颈问题、推进交通运输基本公共服务均等化作为主攻方向。"刘丽梅说，"这是本规划的出发点和落脚点。"

"从制定工作大纲、正式启动到编制完成只有6个月时间，我们要完成扶贫纲要和11个片区规划共12个报告。"项目负责人徐华军说，"接到任务时，我们感到时间紧、任务重、压力大，但是课题组成员都干劲十足，能够为贫困地区发展尽一些微薄之力，无疑是课题组全体成员的骄傲。"

"研究相关政策和编制第一个片区规划我们花了3个月时间，后面10个片区规划和规划纲要我们只剩一个半月的时间，大家都在拼命啊。"汪忠说。

规划编制过程中，课题组全体成员放弃了所有节假日休息，深入村镇、农户开展实地调研，每天倒计时加班加点，细致分析了680个贫困县的经济社会特点、交通发展现状、扶贫开发对交通的要求等，梳理了几千个路段的数据信息。他们满怀着对连片特困地区的深厚感情，以科学严谨、求真务实的工作作风，为圆满完成交通扶贫规划工作付出了辛勤的汗水。

难忘边疆情

新疆，位于我国西北边陲，距离北京约3000公里，地广人稀，自然条件恶劣，工作环境艰苦，但那里却常常出现公路所同志的身影。

马俊，公路所的优秀党员代表，也是支部的业务骨干。2007年4—11月，马俊参加国家支持新疆、青海藏区发展的调研，先后到达新疆6个地州、各地所驻兵团以及青海所有藏族自治州，实地考察了国道315线、国道314线、和田—阿拉尔沙漠公路、国道214线、国道109线、部分农村公路及重要交通枢纽，行程近2万公里。2009年6—11月，马俊又先后随国家调研组赴新疆、西藏和四川、云南藏区调研，在高寒地区实地考察20天，行程上万公里。

　　足迹踏遍祖国大西部，专项调研新疆、西藏、青海、四川、云南、重庆、广西等省（区、市），日行千里、高原反应、连续加班，服务边疆地区的日常工作状态也曾让马俊觉得很辛苦，特别是晚上头疼得彻夜无法入睡的时候，更是苦不堪言。但是看看当地亟待改善的交通条件，看看老百姓渴望的眼神，马俊总是告

2009年7月，戴东昌（左四）、关昌余（右四）、李兴华（左三）及杜江涛（右二）、马俊（左一）等一行赴西藏那曲调研

诉自己，"忍忍吧，忍忍就过去了，忍忍就好了。"

2014年9月16日，根据交通运输部党组安排，袁春毅赴新疆开始三年的援疆工作，2015年11月2日，根据中组部和团中央的工作安排，韩先科被选派参加第16批博士团赴新疆进行为期一年的服务锻炼，两人同时任自治区交通运输厅综合规划处副处长。袁春毅的三年援疆、韩先科的一年服务锻炼，正处于自治区"十二五"收官和"十三五"开局之际，交通规划建设工作交互叠加、任务繁重。综合规划处作为新疆交通工作的核心部门，袁春毅、韩先科不敢有任何怠慢，一进疆就将工作"挂上高速挡"，虚心向领导和同事请教，尽快熟悉分管业务，迅速完成角色转换，切实办好组织交办的每一项工作。袁春毅说："援疆，就一定要多干事、干实事，为新疆的交通事业做出自己的贡献。"韩先科说，"一件看似简单的工作，为了加快推进、赶在前面，经常要协调十几家单位，周末、节假日加班是常事。"

邵洁是公路所的优秀女共产党员代表，三年内进疆17次。她说："常年在外面跑也会有累的时候，但往往又会因为一句话而疲惫顿消。"好几次调研中，她听到当地老百姓说："这条路是新修的，现在出行比以前方便多了。"此时，邵洁心里跟喝了蜜一般，因为邵洁正是那条新路的规划者之一。"老百姓口口相传的表扬，显得最真挚，那是对我工作的莫大肯定。"邵洁笑言。

成就背后的"初心"

我在来公路所之前，心里一直有个疑惑没解开，为何公路所能研究编制出众多高质量的规划，背后到底有何诀窍？这一摞摞沉甸甸的报告的字里行间给出了答案。在关昌余、石良清、肖春阳等历任所领导的带领和传承下，公路所的交通规划人一直秉持着一份"初心"，就是这样的精神让大家矢志不渝——坚持全心全意为人民谋幸福、人民交通为人民的宗旨，编制人民满意的交通规划，绘制满足人民美好交通需求的蓝图。地震灾区异常艰苦，但大家都不说苦，因为忙碌紧张的状态下无暇回味艰辛；五年出一个规划成果，过程相当困难、枯燥，但他们攻坚克难、勇挑重担，因为心里装的是国家的交通建设，肩上使命很重；特困地区地处边远，条件非常有限，但课题组满怀热情地奔赴最需要的地方，毫无怨言，因为等待他们解决的是关系老百姓生计的问题；边疆工作环境艰辛，但大家毅然前往，因为这是责任心驱使，那里有各族人民的殷切期盼……

不忘初心，方得始终。公路所的交通规划人初心如磐，使命铭刻在心，无论走得多远，都不曾忘记来时的路。大家始终把人民群众放在心中最高位置，多谋民生之利、多解民生之忧，对于自己的使命义无反顾。

叁

十年一剑

shi
nian
yi
jian

1

数据背后的舞者

信息所交调团队

公路交通情况调查（以下简称"交调"），是掌握路网交通量、车速、车型、轴载等交通流特征的基本手段，所采集分析的数据是公路规划、建设、养护、运行管理、应急处置和信息服务的决策依据，是公路客货运输分析、经济运行分析的重要支撑。

为我国公路事业发展提供客观、全面、适时、真实数据，是交调工作的初心和使命。一直以来，一代又一代交调工作人员默默地

交调采集方式变迁

坚守，从数豆子这种传统而又单调的方式开始，辛勤地记录下了一条又一条真实的数据。一直以来，一代又一代交调工作人员不忘初心、牢记使命，不断探索创新，推动交调工作实现智能化转变，让一串串平淡乏味的数据焕发出越来越大的智慧魔力。

在交通运输部领导下，信息所交调团队用自己的智慧和信念，引领着我国交调工作不断创新发展。

开拓，为了真实的数据

"能不能给出一个'真'数？"2005年的一个下午，交通部机关会议室里，时任部领导发问。外行人可能觉得这个问题很简单，但我们深知，这是一个具有挑战性的任务和使命，交调采集手段的变革和创新势在必行。交通部决定要全面摸清"十一黄金周"政策对公路交通运输的影响，初步掌握重点城市进出口公路断面交通量，正式启动连续几年的全国"黄金周"公路交通情况调查工作。于是，我们交调团队全员出动，分赴各大城市，直面路上奔涌的车流，马路边、天桥上，轮流肩扛摄像机，在路边一拍就是一天，并连夜回放视频、数车流、制报表，只为获得更加客观及时的数据。一周过后，仔细分析假期出行情况，彻底理解社会经济快速发展对公路交通的迫切需求，又一次意识到以人眼观察统计"真"数的难度。

一两次的人工交调于事无补，推动交调工作自动化成了当务之急。但我国自动化交调设备、技术、标准都不成体系，产业基础薄弱，应用推广"无法可依"。为尽快填补空白，交调团队经过大量的调研、攻关，推进交调工作自动化的顶层设计，于2007年由交通部印发了《关于加强公路交通情况调查设备技术管理的指导意见（试行）》。

任何一次的转型升级都会伴有阵痛和付出，自动化交调设备的规范化工作并不顺利。2010年的酷夏，在山东淄博交调设备检测场，交调负责人在现场与检测机构、检测场工作人员、交调设备制造人员一同进行反复调试和测定，暑夏的马路边尘土飞扬，笔记本用纱巾蒙住，太阳伞被穿行的货车撞飞，就这样一待十几天。当时，各方对交调设备的精度标准要求、检测规程、操作细则等提出诸多挑战，"体力的劳累都可以忍受，各种不理解、质疑、抱怨……才是最大的阻力"，负责人现在回想起来，仍感慨万千、心有余悸。有付出就有收获，交调团队的付出在我国公路交调自动化采集、交调设备产业发展的历程中得到了深深的印证。

设备技术的"硬"攻关少不了"软"系统的集成应用。自动化交调设备采集能力的提升，对全国公路交调数据的自动化汇集、处理和校验也提出了更高要求。交调团队凝心聚力，最早于2010年设计了第一代网络化的交调数据报送系统，并在随后五年里完成三次升级。数据报送从单机处理，县、市、省、部一级一级人工软盘拷贝，转变为现场设备数据直接联网入库部级平台，以往几个月才能收齐全国数据，现在只需要30秒即可完成，且每个数据问题都可以立刻找到源头。

为了普及交调数据联网报送系统应用，提高数据报送效率，交调团队设立热线电话，对各地的相关业务咨询有问必答；定期举办培训班，加强对各地交调工作人员的业务培训。10年来，对全国基层业务人员进行技术培训20轮，累计培训1.2万人次。

全国交调技术交流与培训会

推进，365天都在路上

自动化技术的推广和应用并非一蹴而就。全国从2010年100多个交调自动化设备到目前的8900个，与交调团队的毅力和恒心是分不开的。几年来，交调团队奔赴全国各地，开展深入调研、现场踏勘、科学论证、悉心宣讲。在青海，为了保证工期和选址合理，调研人员顶着严重高原反应，眼睛肿痛、头疼难忍仍坚持工作；在四川，从早上7点到晚上9点，一日跨越近千公里，在车上仍要保持精神高度集中；在海南，山路终年大雾，能见度只有几米，穿着反光背心每次下车勘测都胆战心惊……这些镜头至今萦绕在交调团队脑海中。对交调团队来说，出差如同家常便饭，不知道下一分钟要飞到哪里。交调站的位置选择覆盖平原、重丘、高山、高原，奔走在一线一路颠簸，人在车里还不能往后躺，身体要向前倾，要全神贯注观察外面。几年如一日，大部分人的腰椎都落下了毛病。

可喜的是，收获颇丰。10年来，交调团队配合部、省相关部门，建设完善了部省两级交通情况调查数据中心和应用系统，颁布了行业标准2项，管理办法、技术要求、建设指南等共计6项。一个7万多人员、8900多个站点，多级平台互联的庞大交调网已然形成。

坚守，没有假期的工作

"今天是2月8日，大年初一，全国公路出行以出城方向为主，大多是中短程，景区周围车流量较为集中，但总车流量较昨天下降较大，京沪等十条主要高速公路车流量环比下降18%，同比上升12%……"这是中国高速公路交通广播FM99.6在春节假期间的例行路况播报，其中全国范围的公路交调就是来自交调团队。短短的几句话，背后却是交调人员长期的坚守和默默的付出。

自2012年实施节假日免收小型客车通行费政策以来，全国路网范围的节假日小客车出行数据，只能靠交调手段提供。为了及时掌握节假日路网交通情况，给出行人提供准确及时的交通路况信息，交调团队集体放弃假期已成常态，默默值守在工作岗位，第一时间动态报送我国路网交通情况信息。

家人的唠叨、孩子的不解、朋友的惊讶，这些都不影响交调团队成员的坚持。遇到突发事件，交调团队依然是那个顶在前线的"幕后人"。2008年春节，我国南方遭遇历史罕见的雨雪冰冻极端天气，大批车辆拥堵在路上，如何现场救援，如何引导分流，这些决策都需要交调数据的支持。交调团队及时编制了《全国主要干线公路实时交通情况简报》，为部领导、相关司局的应急指挥提供了有效的信息支撑。

数据价值需要有心人的挖掘。近年来，交调数据的应用领域不断拓展，在宏观政策制定、行业运行态势监测、重大节假日路网运行研判与总结评估、公路网规划与调整、交通经济运行分析等工作中得到广泛的应用。面对不断出现的新情况、新问题，交调团队先后开展了高速公路建设发展状态、京沪通道运行质量、京藏高速公路大堵车、二级公路取消省界收费站、节假日高速公路免费通行政策影响、运输结构调整政策影响等专题分析。2010年底，社会上有人认为我国高速公路发展"过度超前"。面对质疑，正是通过分析历年交调数据，初步判断高速公路建设处于"基本适应"的阶段，有效解答了社会疑问，为形成上报国务院的说明性报告提供了有力支撑，保持了高速公路继续发展的良好势头。

创新，大数据注入新活力

交调工作全国范围规模化推进40年来，不变的是初心，坚守的是使命。一代又一代的交调人默默无闻、执着坚守，从数豆子、画正字到自动化、智能化，从人工填表、邮寄到在线实时审核、自动统计，从行业内部管理应用到服务社会公众，取得了长足进步。40年来，我们按照"融合、智能、服务"的发展理念，求真务实，编规划、定标准、建站点、强应用，持续推进公路交调工作转型升级，不断为行业发展做出卓越贡献。

力量来自创新，发展来自智慧。时代发展，交调工作需要综合运用多种手段，与时俱进，创新发展。我们交调团队将不忘初心，以优化完善"业务治理体系、数据融合体系、业务应用体系和信息服务体系"为目标，加强交调业务基础管理能力和数据产品分析加工能力，推进公路交通信息多源数据融合，全面提升交调信息分析与服务的质量、效率和价值。我们将：

提升交调业务治理水平。健全交调统计规章制度和标准体系，加强交调数据质量管控、交调站点运行维护和统计人员的培训与管理，推进交调统计工作的制度化、规范化和标准化，确保数据质量可控，逐步形成纵向到站、横向互通的管理局面。

完善调查数据资源体系。优化部省两级交调站点布局，建设基于多源数据的数据资源体系，逐步形成以固定式调查为主体，移动式调查为辅助，多源数据为补充，全面典型同时兼顾、调查站点分类布局、数据来源丰富多样、部省分层因地制宜的数据资源体系；搭建部、省两级多源数据融合与共享平台，利用大数据技术实现多源数据的处理、融合、转换与分析。

增强数据应用分析能力。充分运用大数据技术，深化交调分析应用，着力提升交调专题分析的科学性，搭建专业的分析平台，提高交调数据的辅助决策能力和可视化展示水平。

转变交调信息服务方式。完善交调信息共享与发布平台，更好地为社会公众提供信息服务；借助"互联网+"、地理信息系统等技术和手段，转变交调信息服务方式与内容，提供高品质的交调信息服务。

2

传承与创新：港口规划技术数字化转型

水运所实验室

近年来，在国民经济飞速发展、科学技术日新月异的变革步伐中，对交通发展规划研究的质量、深度和效率都提出了新的更高要求，促使我们必须在规划研究技术方面做出新的探索和应用。一方面，这是适应国土空间规划体系"多规合一"的新形势和新要求，服务政府、服务行业有效提升交通行业治理能力和水平；另一方面，也是有效破解当前港口规划编制、评估、实施监管等业务中面临的数据、技术等难题，提高行业规划及发展决策的科学性、前瞻性和合理性。

面对国家大数据战略实施等信息化技术井喷的浪潮，为适应新的规划任务和要求，2015年，水运所成立了港口资源监测管理实验室。按照职责分工，实验室主要致力于遥感、大数据等现代信息化技术在港口规划中的研发、推广和应用，针对当前水运行业信息化管理的薄弱环节，将智慧交通作为创新发展的主攻方向，全面助力交通运输行业管理决策水平提升和创新发展，同时这也是我院实现打造"一流交通专业智库""一流特色科研国家队"战略目标，提升我院规划研究业务能力的重要举措。

发展回顾

改革开放以来，我国水运行业历经大建设大发展，创造了举世瞩目的成就。然而就规划研究技术而言，当前仍主要遵循传统经验积累方法，在进入新世纪面临新环境、新挑战的时代背景下，依然缺乏大的改进和突破。

2012年，为了有效提升港口规划研究技术水平，水运所先行

港口资源监测管理系统主界面

先试，抽调精兵强将组成了港口资源监测监管技术研究团队，就大家共同关注的信息化技术在港口规划领域的融合应用开展研究工作。同年，交通运输部批复同意我院建设港口资源监测管理系统（一期工程），正式拉开我院水运信息化系统建设的序幕。

港口资源监测管理系统是我院开展水运规划研究等相关业务活动的基础，也是全国港口资源利用监测的基础地理信息平台。本系统整合了卫星遥感影像、港口规划图、港口现状专题图、建设项目平面图、电子海图等行业相关重点要素资源，打造形成全国港口"一张图"，具备港口资源动态监测、岸线使用辅助审批、港口规划管理及辅助审批、港口数据资源管理、港口规划辅助设计、港口规划支持系统等六大功能，有效打破当前港口资源监测监管不直观、不准确、不及时的瓶颈。

主要知识产权成果

在系统建设过程中，我们的工作团队十分注重技术成果的创新与转化。通过对港口规划研究技术的全新探索，工作团队在港口资源可视化管理、基础设施自动对比监测、业务流规范化辅助审批等多个技术环节实现了新的突破，申请获得20项计算机软件著作权、25项外观设计专利、10项发明专利。

同时，我们的团队建设卓有成效，水运所港口规划、遥感解译及大数据技术应用创新团队获得2019年度中国港口协会创新团队（科技进步奖一等奖）称号，港口资源监测监管技术集成及应用研究获得2018年度中国水运建设行业协会科学技术奖一等奖。这些均在水运所发展前行的道路上写下浓墨重彩的一笔。

2015年中，港口资源监测管理系统建设完成并投入使用。与此同时，为了进一步推动信息化技术在水运行业的研发应用，提高科研工作效率，提升成果质量，同时做好港口资源监测管理系统的升级完善、数据更新维护等工作，水运所成立了港口资源监测管理实验室，专职开展相关工作。自此，我院水运信息化建设开始步入快车道。

方兴未艾

2016年，为了建立完善全国港口岸线、码头泊位、港口规划、建设项目等空间资源数据库，加强对全国港口岸线资源利用情况的动态监控，为全国港口深水岸线资源普查工作提供技术支撑，交通运输部批复同意我院实施港口资源监测管理系统扩建工程。

按照交通运输部统一部署，港口资源监测管理系统扩建工程将作为全国港口深水岸线资源普查工作的技术支撑平台，两项工作配套同步实施。扩建工程将在一期工程基础上，通过全面整合港口岸线、码头泊位、港口规划、建设项目、港口生产经营、遥感影像等数据资源，着力打造全国港口深水岸线空间资源数据库。同时，配套开发港口普查业务应用系统，具备针对各类港口资源要素的空间查询、统计分析以及港口规划、建设项目等的可视化管理功能。

全国港口深水岸线资源普查是交通运输部2015年启动的重点工作。我院作为技术支持单位，迅速响应并成立了由近20人组成的工作团队，全力以赴开展工作。

面对覆盖全国纷繁复杂的资源排查以及庞大的组织安排工作，团队勇挑重担，积极主动作为，赴各地组织召开了13场普查培训会，对全国400余名普查工作者进行业务培训；组织召开了2次历时长达50天的普查数据审定会，全国各省份近200余人共同参与了普查数据的审定工作。此外，本次应用地理信息技术搞普查，全面提高了普查工作的效率和质量，普查时间从过去的3到5年压缩到1年半，普查成果在系统内实现所见即所得，有效避免了数据重复和遗漏。

2017年8月，交通运输部部务会议听取了全国港口深水岸线资源普查工作情况汇报。会议强调，全国港口深水岸线资源普查工作是落实习近平总书记重要指示批示精神的有效举措，实现了"摸清家底、夯实基础"的既定目标，为进一步深化港口行业"放管服"改革提供了基础保障。下一步，要用好用活普查成果，建好港口岸线资源监测系统，优化相关行业管理，建立完善港口岸线动态监管长效机制。

本次普查是我院港口资源监测管理系统在行业内推广使用的重大示范工程，也是实验室成立以来承担的首个部级重大课题，对实验室的发展具有特殊意义。在取得良好社会效益的同时，本次普查还实现了两方面的突破：一是首次构建形成覆盖全国的港口岸线资源空间数据库，提供全方位查询和统计分析功能，可有效提高规划研究和行业管理工作效率；二是形成针对交通运输行业不同部门的分级、分类权限管理和服务体系，具备向全行业推广应用的条件，具备向综合交通地理信息平台拓展功能的基础和能力。

继往开来

当前，交通强国战略以及现代综合立体交通运输体系发展对交通规划研究，尤其是充分利用大数据实现规划理论、技术创新提出了更高的要求。历经港口资源监测一期工程和扩建工程，虽然我院在水运信息化领域取得长足进步，但当前交通规划研究工作中仍缺少必要的数字化、信息化手段支撑，规划研究的成果、效率还不能完全适应新形势发展需要。

因此，为解决上述规划研究基础不牢、创新能力不足和技术手段缺失的问题，水运所启动了港口规划大数据决策应用系统的研究工作，预计通过本项目的实施，能够满足规划研究历史可追溯、现状可评价、规律可发掘、趋势可预测、目标可推演、实施可跟踪、效果可评估、方案可调整的新时代规划研究要求。2018年11月，交通运输部批复同意我院实施港口规划大数据决策应用系统，成为我院交通规划大数据研究的里程碑。2019年7月，本系统正式进入实施阶段。

港口规划大数据决策应用系统主要定位于通过大数据技术提升我院规划研究能力及水平，创新规划研究工作方法，提高规划成果的动态展示能力。其重点内容主要包括开发一批适应大数据应用环境的港口规划方案研究、制定、分析评估的数字模型工具，完善更新与交通规划相关的生态环境、规划布局、人口社会、区域战略、宏观经济等规划数据库。

为了做好此项工作，水运所组成大数据研究工作小组，共同就大数据采集、清洗、融合、分析、应用等技术展开研究。同时，为充分吸收当前行业内外在信息化领域取得的丰硕成果，工作团队积极引入外部智库，与中国航天科工三院等多家科研单位展开广泛合作，就AIS大数据应用、港口规划BIM模型、港口生产仿真建模等关键技术进行深度探讨。

我们相信，历经2到3年的时间，在团队的努力下，未来水运规划研究将实现工作目标导向由数据管理分析向综合发展决策转变，成果展现方式由二维平面向三维空间飞跃，数据分析维度由静态统计数据向实时动态大数据提升，逐步构建形成覆盖全面、功能完善、高效稳定的交通规划大数据资源管理和辅助决策平台，力争树立交通领域大数据应用的行业标杆，全面提升行业知名度和影响力。

结语

回首往昔，我们的团队虽然成立时间短、人员结构年轻，但大家意气风发，在各级组织的大力支持下，以敢为天下先的勇气砥砺前行，将遥感、GIS、大数据等信息技术与交通规划研究有机结合，实现了新的突破，为行业管理、规划编制等工作注入了新的活力。

交通规划研究技术创新之路任重道远。未来，我们的团队将继续秉承初心，坚持"博学之，审问之，慎思之，明辨之，笃行之"，抓住交通强国、国家大数据战略实施契机，充分运用先进理念、技术和资源，勇立于新一代信息技术潮头，为交通规划研究提供新平台，为行业深化发展提供新驱动，为政府管理决策提供新手段。

3

长沙市机场大道改造工程建设缩影

中路港长沙项目部

国家优质工程奖

　　长沙市机场大道是湖南省门户第一路，建设标准为城市快速路，南北走向，采用城市高架桥与地面交通相结合的交通组织形式，与长永高速、金阳快速路、人民东路快速干线、机场高速、T1和T2航站楼、地铁和磁悬浮场站等道路、场站相连，是湖南黄花国际机场西航站区综合交通枢纽的重要组成部分。项目建成后将承担T1、T2航站楼客货运交通快速疏散功能，作为城市道路交通与空港枢纽、地铁、磁浮、高速公路等交通方式实现"无缝对接"的纽带，对优化黄花国际机场交通组织，促进社会经济合作和资源整合，增强对周边地区的经济辐射力具有重要意义。

2014—2017年，规划院中路港公司承担了长沙市机场大道改造工程项目的前期方案论证、工程可行性研究、初步设计、施工图设计及后期施工配合工作。在项目整体推进中，规划院人勇担使命，秉承"严谨求实的科学态度，敬业奉献的实干精神、艰苦奋斗的优良作风"，瞄准工程难点，集中力量、凝聚智慧、通力协作、克难奋进，逐一攻克了"功能定位和标准论证、航站区交通组织优化、T1和T2航站楼互联互通、钢梁顶推跨越磁悬浮、地铁盾构区间桥梁桩基验算、旧桥拆除、现浇梁拼宽设计、航油雷达管线迁改、城市景观提质"等工程技术难点，确保项目在有限工期内的安全有序高质量推进，打通了黄花国际机场综合交通枢纽的最后一公里。目前，项目已建成通车投入运营，全部达到了预期的建设目标，获得了社会各界的一致好评。

项目通车后交通组织顺畅

面对压力,迎难而上,勇担使命

长沙市机场大道改造工程是湖南省、长沙市两级重点工程,省委直接关注,省、市官方媒体实时报道,社会关注度高,加之项目地理位置特殊、建设条件困难、技术方案复杂、工程实施难度大,因此无论是项目的前期方案论证和工程设计阶段,还是后续施工配合,项目团队均承受着巨大的压力。

这个项目是黄花国际机场综合枢纽的咽喉,它的成功与否直接关系到整个西航站区的交通运行是否顺畅,各种交通组织形式能否实现无缝对接。项目组承担着重大责任,同时也承载着团队的光荣使命,迎难而上,全心投入,精益求精优化方案,实事求是解决问题,决心给当地留下一条让老百姓满意的道路交通作品。

压力也是动力,促进着团队的成长。

在方案论证阶段,项目团队充分考虑各种交通组织方式,提出多种解决技术问题的方案,通过仿真、BIM等多种技术手段验证方案实施后的运行效率、景观效果,确保道路建成后运行顺畅、景观良好。方案论证和工程可行性研究持续将近两年,历经各级政府和专家会议审查后,项目团队才敢提交最终方案。即使这样,项目团队依然心怀忐忑,心中的那块石头真正落地是在建成通车后。"这条路改得挺好,以前机场门前几处红绿灯,老是堵车,现在好了,一路畅通到航站楼。"建成通车后,一位出租车驾驶员的评价成为项目成绩的缩影。

T2航站楼站前交通组织复杂

在工程设计阶段，工期非常紧张。由于项目位于机场站前，施工期间没有其他路进入机场；交通组织方案不合理，将会造成站前交通混乱、环境污染严重。为尽量缩短对机场运营环境的影响时间，政府部门要求在机场大道改造方案确定后1年半时间内，完成全部工程设计和施工工作。任务艰巨，似乎不可能完成，建设单位、政府部门、设计单位、审查专家、施工单位全部现场集中办公。项目团队成员在这一年多的时间中，经常面对高强度设计工作和没有机会修正错误的情况、必须一次到位的双重压力。

工程施工过程中，每每遇到密布的地下管线、正在运营的磁悬浮列车、不能断输的航油管道、正在建设的地铁6号线、繁忙进出机场的车辆，多次出现机场雷达管线的中断、旧桥拆除的开裂、地下暗沟的垮塌等关键问题，项目团队成员必会立刻到场，现场拿出方案，解决问题，排除风险。其中压力，不言自明。

整个项目经历如凤凰浴火，"煎熬"难以形容，过程艰苦之万一。面对长期的巨大工作压力，公司技术团队勇于担当、毫无畏惧、迎难而上，始终把职责和使命放在心坎上，把敬业奉献、艰苦奋斗落在行动上，最终如凤翔九天，以优良的工程建设成果向人民群众交上了一份满意的答卷。

以科学严谨的态度确保方案落地和工程质量

"没有科学严谨的技术论证支持和设计质量的严格管控,一切工作都将是空中楼阁。"公司领导严肃地告诫每位项目团队成员。

在一次研讨会上,有专家质疑:"现有改造方案图画得漂亮,是否能够切实解决西航站区狭长地带的交通组织问题。如果一年后建成了,运行不畅,拥堵频繁,政府工程不是要被老百姓笑话。"为了做好交通组织,回答专家疑虑,选择最优方案,项目团队经过对周边环境和交通流量的仔细调查统计,利用VISSIM三维建模,将建成后的道路信息模型与预测交通量成果进行匹配,分析交通运行状况,通过仿真模拟数据分析,最终确定了机场大道改造工程交通组织方案和路线总体方案。项目评审会上,我院严谨、务实的科学态度得到了与会专家和政府人士的好评。

设计评审会现场

面对复杂的现场、紧张的工期，项目团队并没有放松对文件质量的管控，反而时刻警示我们在设计过程中要保持更加严谨的工作态度。在质量控制上，项目团队坚持从细节入手，注重过程，不放过任何一个环节。尤其是桥梁结构，设计、复核、审核、第三方审查，一个都没有少。公司领导、公司总工办及外聘桥梁专家全程参与、通力协作，对工程方案和技术文件实时提出意见。各种内、外部的会议纪要，全部存档。只有扎扎实实做好各项工作，按照质量管理流程严格控制，工程建设才能够保证在这样的紧张状态下不出问题、安全有序推进。

凝聚智慧、团结协作，在项目中共同进步提高

共事先共心，合作先合心。团结共事的协作力，是团队精神赖以存在和建设的基础。面对压力和困难，项目组成员真正做到了：任务面前多干一点，不避重；困难面前多帮一点，不旁观。专业组内分工协作，互相帮助，没有抱怨，没有诉苦。项目组成员心往一处想、力往一处使，发扬艰苦奋斗的优良作风，同甘共苦，不断提升团队战斗力。

在紧张的工作节奏和长期高负荷的压力状态下，项目组成员勇于拼搏，秉持主动作为、敢为人先、科学求实的创新精神，敢于尝试，使得团队活力不断增强。没做过综合管廊，但项目团队敢于研究思考，提出项目建议书；没有复杂城市高架桥的工作经验，但是

项目团队最终也完成了当初都不敢想象的艰巨任务；城市高架桥桩基与地铁隧道空间关系处理方案研究，桥梁跨越磁悬浮工程设计及施工安全评价等这些课题都是第一次接触，项目团队凝聚智慧、团结协作、克服困难完成众多交叉专业工作任务。这种攻坚克难的经历对项目团队的每个成员来说都是宝贵的，团队能力在不断增强，团队中每个同志的专业技术水平都有了大幅的提升，积累了更多的工程经验，提高了公司技术团队的核心竞争力。

日夜坚守，确保工程建设平安有序推进

项目开始施工，设计单位的施工配合工作也随之开展。项目负责人和专业负责人每隔三天核查一次现场。项目自2016年4月开始施工，至2017年10月主线桥梁通车，设计代表坚守现场近500天，每天白天查看现场，夜间随时准备处理突发问题，保证了项目施工的安全顺利推进。

跨金阳大道高架桥箱梁浇筑完成后，箱室内发现细微裂纹，项目团队立即安排人员前去现场查看。夏日长沙，混凝土表面温度达到70摄氏度以上，箱室内闷热如同蒸笼，人进去之后马上就汗如雨下。我们的设计人员为了探明问题，顶着高温坚持对全桥数十个箱室逐一进行检查，查明了问题所在，提出了合适的处理方案，保证了施工进度和工程质量。

2017年2月21日凌晨2点，施工单位为赶工期，未按照经过评

审的施工方案开展施工,导致T1航站楼前匝道旧桥拆除时,一片待拆梁体顺桥梁纵坡下滑,在桥墩顶部伸缩缝处拉开间隙宽达50厘米,箱梁如果再继续下滑,随时有从墩顶跌落的风险,一旦跌落,将影响整个航站楼站前安全。接到电话后,项目负责人立即召集相关人员赶赴现场协助施工单位进行处置。技术人员在现场仔细分析了桥梁拆除情况,要求施工单位改变施工组织顺序,先将下滑梁体预应力钢筋切断,然后再对下滑梁体进行拆除作业。直至天亮,航站楼的第一波通行早高峰来临前,才完成拆除工作,确保了机场的运营安全。

长沙磁悬浮快线是国内第一条拥有完全自主知识产权的中低速磁悬浮轨道交通,机场大道钢箱梁跨磁悬浮快线需要在强电磁环境下完成顶推高位落梁施工。

T1航站楼站前拆除既有匝道桥

施工的成败和安全与否,不仅会影响机场大道项目建设本身,也会影响磁悬浮快线的安全运营。为了确保安全,湖南磁浮集团股份有限公司要求钢箱梁顶推作业时间仅限于夜间11点至凌晨5点。每天晚上9点开始,我们的设计人员会同参建各方,检查顶推装置,复核数据偏差,晚上11点至凌晨5点密切观察顶推工作的进展情况,防止意外发生。从2017年4月24日至5月6日,历经

国内首次跨越磁悬浮钢箱梁顶推施工现场

项目通车后夜景

12天，施工配合人员轮流24小时坚守工地，协助实时监测，将总长度90米的钢箱梁顶推72.15米后，顺利完成高位落梁。

机场大道施工配合的工作中，我们的同志始终坚守现场，随时待命，多少个白天黑夜连轴转，无数次在夜间处理紧急情况。经过18个月的努力奋斗，最终迎来了机场大道主路的顺利通车。

如今的长沙市机场大道，白天车流涌动、风景如画，夜晚灯光璀璨，为城市增添了一份亮丽。自其建成以来，交通运行安全、顺畅、便捷，并已成为长沙黄花国际机场西航站区综合交通枢纽的有机组成部分，为旅客吞吐量再攀新高奠定了坚实基础，为长沙市临空经济发展注入了新的动力。

回首四年来1000多个日日夜夜，规划院技术团队坚守初心、不辱使命，用一个个鲜活的奋斗场景和智慧闪光点铸就了重大复杂工程项目的成功，为完善综合交通运输体系、建设人民满意交通贡献了才智，树立了规划院服务地方交通事业的良好口碑。公司工程技术团队的每个成员在重大项目历练中展现的素质、韧性，收获的技术成果，积累的项目经验，是我们最宝贵的财富。同时本项目荣获2019年度湖南省优秀工程勘察设计一等奖和2018—2019年度国家优质工程奖。

历史的车轮滚滚向前，时代的潮流浩浩荡荡，交通强国建设任重道远。规划院中路港公司技术团队将继续"不忘初心、牢记使命"，始终保持奋斗姿态，积极主动作为，直面风险挑战，为规划院振兴、中路港公司发展贡献力量。

4
深耕大件运输许可服务，在平凡中绽放光彩、逐梦前行

信息所大件运输团队

随着我国国民经济的快速发展，特别是国家实施区域发展战略以及"一带一路"倡议以来，国家重点建设项目日益增多，规模不断扩大，支撑国家重大建设的重型或大型不可解体设备的需求也随之增加。大件运输行业关乎我国"超级工程"建设，以及"大国重器"能否"造得好，运得出"。为了保证庞然大物的安全通行，大件运输车辆行驶公路时必须要经过公路管理机构的许可。

长期以来，大件运输企业开展跨省大件运输，必须分别到各省办理"超限运输车辆通行证"，耗时耗力。为解决上述问题，2011年国务院发布的《公路安保条例》专门提出了："跨省、自治区、直辖市进行超限运输的，向公路沿线各省、自治区、直辖市公路管理机构提出申请，由起运地省、自治区、直辖市公路管理机构统一受理，并协调公路沿线各省、自治区、直辖市公路管理机构对超限运输申请进行审批，必要时可以由国务院交通运输主管部门统一协调处理。"

试点先行，探索跨省大件运输并联许可新模式

如何落实《公路安保条例》的要求，成了部公路局领导的关注重点。依靠传统的人工办理方式，显然满足不了起运省份统一受理并协调沿线省份进行审批的要求。2015年，为了响应《关于规范国务院部门行政审批行为改进行政审批有关工作的通知》（国发〔2015〕6号）提出的探索改进跨部门审批等工作，实行"一个窗口"受理、"一站式"审批的相关要求，部公路局领导提出了建立跨省大件运输并联许可系统的总体要求。即由交通运输部建立跨省大件运输并联许可系统部级平台，各省建立省级平台，由部级平台作为统一窗口，接收企业申请，并分发给相关省份省级平台，开展并联许可。

受部公路局委托，规划院信息所承担跨省大件运输并联许可系统的技术支持，并第一时间成立了工作团队，开展了系统设计等前期工作。在部公路局组织下，团队赴湖北、重庆、四川3个省市进行现场调研，并对全国31个省份开展了书面调研。经广泛征求意见后，团队组织制定了《跨省超限运输车辆行驶公路业务管理试点工作实施方案》和《大件运输许可业务管理基础功能和数据交换技术要求》等关键技术文件。同时，团队充分借鉴重庆市公路局的超限许可远程申报网上缴费系统、湖北省的交通运输网上审批服务平台等成功经验，以"一站式办理、并联式审批、阳光下作业、规范化管理"为顶层设计原则，根据跨省联合协同的

需求，经过多次调整和优化，完成了部级平台的软件研发和系统建设工作。

在团队技术支持工作的基础上，部公路局于2016年3月在重庆组织召开试点工作启动会，选择河南、湖北、湖南、重庆、四川、贵州、陕西等七省（市）连片区域，启动了跨省大件运输网上并联许可试点工作。2016年底，七省（市）大件运输许可系统部省联网圆满完成。

积极转型，推动大件运输许可业务与信息化深度融合

2017年初，根据全国交通运输工作会议的部署，跨省大件运输网上并联许可列为交通运输部2017年11件更贴近民生实事之一。2017年3月，借鉴试点工作经验，部公路局在全国范围内组织开展跨省大件运输许可系统联网工作。

出乎意料的是，团队在指导非试点省份开展省级平台建设和部省联网工作时发现，几个月来，七个试点省份并未成功办理过一个申请。经过团队技术人员的多次评估，系统联网技术上并没有问题。那到底是什么原因呢？

带着疑惑，团队决定到试点省份调研。初步调研的结果出乎团队的预料，跨省大件运输并联许可工作进展不顺的原因，不是在技术上，而是在业务上。一是大件运输许可业务本身多年来存在大量亟待解决的问题；二是跨省大件运输并联许可工作对于各

省份来说是一项全新的业务,各省份之间如何协同,缺乏相应的体制机制支撑。

由于规划院信息所仅是跨省大件运输并联许可联网工作的技术支撑单位,在面对该项工作的业务问题时,团队失去了下一步工作的方向。也就在这时,2017年7月5日,国务院常务会议提出了"年内实现跨省大件运输许可全国联网,一地办证、全线通行"的任务要求。为确保该项任务顺利完成,取得实效,团队勇于担当,决定从技术支持向业务支撑转型,推动大件运输许可业务与信息化深度融合,并得到了部、院领导的充分认可和支持。

苦练内功,补齐大件运输许可业务能力短板

虽然团队决定向业务支撑转型,可是大家对大件运输许可业务完全不熟悉。于是团队成员一起"啃"资料,深入研究与大件运输许可相关的各项法律法规,虚心向参与法律法规编制的相关专家请教,了解每一条规定的背景和深意。

团队还赴安徽、湖北、重庆、四川、陕西等多个省(市)走访调研,深入大件运输许可办理窗口,以旁观者身份,实际观察大件许可办理过程,与大件运输企业具体办证同志面对面交流,充分了解他们在办证过程中遇到的问题和困难。同时,团队与大件许可的一线业务人员、大件运输企业和大件运输协会建立密切联系,倾听他们的声音。特别是对一些行业内公认的"刺头"企业,团队主

动与他们交朋友,邀请他们对跨省大件运输并联许可工作挑毛病、找问题。通过实地调研、座谈交流、电话和微信持续沟通等多种方式,总计收集了近千条意见和建议,深入了解了大件运输许可工作历史、现状和存在的问题,汇集成大件运输许可问题清单,并报送部公路局。正是通过上述方式,团队成员在短时间内,从大件运输许可工作的"小白",蜕变成为半个专家,为后续的跨省大件运输并联许可工作推进奠定了坚实的基础。

团队赴新疆特变电工股份有限公司调研

团队赴河南卫华集团有限公司调研

勇挑重担,确保全国联网任务提前完成

面对问题,团队勇于担当负责,积极主动作为,多管齐下,确保全国联网任务提前完成。

在大件运输许可业务上,针对各省份政策执行不统一、材料要求不一致、省际协调配合差等问题,在部公路局指导下,在交通运输部2016年修订颁布的《超限运输车辆行驶公路管理规定》（2016年62号部令）的基础上，团队起草了《大件运输许可管理暂行办法（征求意见稿）》（以下简称《办法》），对大件运输的申请受理、审查决定、服务保障等工作进行了详细的规定。由于时间紧、任务重，《办法》按照"边用边改"的原则，下发各省份执行，为跨省大件运输并联许可工作的顺利推进，奠定了初步的制度基础。

在工作组织机制上，针对各省仅把跨省大件运输并联许可工作当作一个信息化项目，在业务上缺乏统一领导等问题，团队建议部公路局，要求各省（区、市）交通运输主管部门成立大件运输并联许可领导小组，明确许可审批归口管理部门和参与部门，并安排具体协调工作人员，确保责任落实到单位、到人。将该项工作从信息化部门牵头转变为业务部门牵头，从体制机制上推进大件运输许可业务和信息化的充分融合。

在工作推进上，由于时间紧，各省具体审批人员不论对《办法》，还是对大件运输许可系统均不熟悉。2017年9月，团队联合部交干院按片区分三批对各省审批人员组织培训，并要求各省审批人员带上笔记本电脑，在培训现场组织各省实地操作，答疑解惑。在充分宣贯最新政策的同时，培训会还邀请了部分大件运输企业代表参加，并在培训现场提交许可申请，由审批人员现场办理。全国跨省第一证，便是在培训会上现场申请并发出的。最终，团队提前完成了国务院要求的年底前完成跨省大件运输并联许可全国联网任务，实现了一地办证、全线通行。

跨省大件运输并联许可工作研讨会

不畏艰难，勇于向既得利益者宣战

长期以来，部分大件运输企业不愿办理"超限运输车辆通行证"，宁愿冒着安全风险违法运输，给公路基础设施、道路交通安全和人民的生命财产安全造成了巨大的威胁。

如何引导大件运输企业积极主动办证，促进行业健康有序发展，被团队确立为首要工作目标。经过深入分析，团队认为：引导大件企业主动办证，不仅要靠强化执法去"威逼"，还需要通过有效措施去"利诱"。为了引导大件运输企业合法办证，团队与大件运输企业交朋友、深入交心谈心，不断总结分析企业不愿办证的原因。经过深入调查，团队得出结论：正规办证耗时耗力，甚至还要缴纳高昂的赔补偿费、验算检测费等。也就是说，即使大件运输许可服务水平快速提升，大件运输企业为了避免缴纳高昂的赔补偿费、验算检测费等费用，仍然会选择违法运输。

这种情况掐住了跨省大件运输并联许可工作的命门。团队查文件、请专家，发现上述收费均没有依据，理应取消。但是，这些费用涉及金额巨大，是部分地方部门的重要资金来源，如果取消必会得罪既得利益者。团队曾经一度犹豫，但是最终不忘中国共产党人"为人民谋幸福、为民族谋复兴"的初心和使命，决定直面挑战，向既得利益者宣战，向部公路局进言，全面清理，规范大件运输涉企收费。此后，正规办证过程中不再收取任何费用，并且各省还被要求严格落实《超限运输车辆行驶公路管理规定》，对经许可的大件运输车辆通行高速公路时，按照基本费率收费。一辆119吨大件运输车辆，通行陕西、甘肃、四川、重庆四省（市），高速公路通行费从原来的78000元，降至目前的10700元，仅为原费用的13.7%，促进了公路运输行业的降本增效。

该项措施让大件运输企业能够直接感受到合法办证带来的好处，变违法超限运输为合法申请许可、变消极被动办证为积极主动办证，有效促进大件运输行业规范、健康、有序发展。从2017年9月30日至2019年12月31日，系统共发证196748件，经初步测算，为大件运输企业减免各类费用约184亿元。

主动作为，建立健全部省两级咨询服务体系

长期以来，很多基层审批人员将大件运输许可审批工作看成是一项权力，服务意识淡薄，缺乏与大件运输企业的交流，导

致企业怨声载道，严重影响行业形象。为此，团队推动建立部省两级咨询服务体系，在跨省大件运输并联许可系统上公布了部级和各省咨询服务和监督电话，方便大件运输企业与许可审批人员的沟通交流，同时接受企业的监督。部级咨询服务由团队直接承担，持续利用电话、微信等多种方式，为各省审批人员和大件运输企业提供咨询服务，协助审批人员和大件运输企业解决许可办理中遇到的业务和技术问题，并接受大件运输企业的投诉。工作伊始，信息所副所长章稷修同志甚至亲自做客服人员，一天接几十个电话，为企业和各省许可人员答疑解惑，每天都口干舌燥，甚至下班后都不想说话了；有时被不理解的大件运输企业责骂，但也只能把委屈留给自己，耐心跟企业解释，为企业排忧解难。上述措施有力地推动了大件运输许可服务理念、制度和作风的全方位、深层次变革，进一步增强了服务意识，切实提升大件运输许可服务水平。

随着工作的推进，又衍生出了一个新问题。此前，大件运输企业在各省窗口单独办证的时候，可以在窗口与审批人员交流行驶路线，不合适的可以当场修改，并重新提交。但是，在跨省大件运输并联许可系统上统一申请时，缺少了这一环节，申请人只能被动等待各省审批结果。经常出现以下情况：即一个申请，申请人等待多日，各省均陆续审批通过，只差最后一个省审批通过便可上路行驶时，却因路线不适合，该省做出了不予许可的决定。很多企业在经历这种情况后，对跨省大件运输并联许可失去了信心，重新走不办证违规上路行驶的老路。如果放任这种现象下去，跨省大件运输并联许可工作必将面临失败。为了确保跨省大件运输并联许可工作的成功，团队敢于担当、主动作为，建议交通运输部要求各省在遇到申请人申请的通行路线无法通行时，不能再简单粗暴地做出不予许可的决定，而应该在与申请人及相关省份沟通确认后，联系规划院的客服人员通过后台人工方式在系统中修改通行路线。这一措施最大程度上避免了企业二次申请，提高了许可审批效率，是落实转变服务理念的重大举措。目前，团队客服人员平均每天的处理量达到300多件，工作任务极其繁重，但没有一人为此叫苦叫累。

靠前服务，建立大件运输"朋友圈"

随着跨省大件运输并联许可工作的不断推进，许可办结量不断攀升，月增长率超过40%。此外，办结效率也不断提升。2019年6月，二类和三类大件的平均办结时间分别为2.0个工作日和2.9个工作日，较法定时限少了80%和85.5%。

虽然平均办结时间已经较低，但大件运输企业仍然觉得办理速度太慢。究其原因，很多大件运输企业都在大件货物装车后才提交申请，车货只能停在原地等待，人员和车辆误工成本高昂，企业难以承受，更不用说货物未按期送达涉及的违约金。针对这种情况，团队深入分析后认为：大件运输许可审批比较特殊，为了确保公路基础设施和道路交通安全，不能一味地压缩审批时间，而应该两手都要抓。在不断优化许可服务水平，提高许可效率的同时，要落实企业的主体责任，鼓励企业提前申请。

因此，团队积极探索，努力提高企业提前申请的便利程度。在部公路局的指导下，提出了两大措施：一是扫除企业提前申请的障碍，要求各省严格贯彻《超限运输车辆行驶公路管理规定》要求，对于三类大件，鼓励企业在装车前提交车货轮廓图申请，不得强制要求企业提交车货照片；同时，要求各省将车货核查工作后置，在许可发证前完成车货核查工作即可。二是鼓励各省主动服务、靠前服务，建立与大件生产和使用重点单位联系制度，明确专人与本区域重大装备制造企业和重大建设项目进行精准对接，建立"一对一"联络员服务机制，及时获知生产企业订单信息，主动提供运输路线、车型、装载方式等建议。

固化成果，助推大件运输许可工作再上新台阶

在上述工作的基础上，团队不断把好的思路和做法吸纳入《办法》，在四次书面征求了行业内外意见的基础上，团队多次召开座谈研讨会，邀请部分省（区、市）交通运输主管部门熟悉大件许可管理工作的负责同志、部分大件运输企业的代表以及国内车辆、桥梁、法律等方面的权威专家，共同研讨、集思广益、群策群力，对《办法》内容进行了逐条修改，并就《办法》中有

关关键性技术指标征求了行业内专家的意见。2018年下半年，在部公路局指导下，团队以国务院大督查为契机，将工业和信息化主管部门、公安交通管理部门、市场监督管理部门在大件车辆管理和大件运输许可管理中的职责纳入《办法》，并推动《办法》以四部局名义印发，完善大件运输许可事前、事中、事后的全链条管理。

以《办法》为依据，按照部公路局要求，团队组织开展了跨省大件运输并联许可系统升级改造工作，把《办法》提出的相关要求固化到系统中，进一步统一申请材料、规范审批流程。升级改造后的跨省大件运输并联许可系统已于2019年7月22日上线试运行，于8月1日正式运行，新版本系统将大件许可的服务水平提升到一个新的高度。

开拓创新，构建大数据监管服务新格局

按照党中央、国务院关于深化收费公路制度改革取消高速公路省界收费站的统一安排，全国收费公路将调整货车通行费计费方式，从2020年1月1日起统一按车(轴)型收费。这一政策的出台，为提高综合交通运输网络效率，降低物流成本打下了坚实的基础。但同时，也迎来了加强大件运输事中事后监管的春天。

团队在院领导的直接带领下，主动对接取消省界收费站牵头单位，将大件运输许可核查工作纳入《高速公路称重检测业务规范和技术要求》，明确所有大件运输车辆在高速公路收费站入口均须接受核查，在收费站出口接受抽查。同时，为有效提升收费站入口、出口核查效率，实现许可数据的自动下发与核查，团队积极对接收费系统技术支撑单位，封闭研讨对接，实现高速公路称重检测数据与大件运输许可数据的实时对接。

通过后台对称重数据、门架数据与许可数据的对比、分析，团队已初步具备勾勒违法超限运输车辆不按规定线路行驶时空分布图的能力，精准发现、精确打击违法超限车辆的能力大大加强，大数据监管服务的新格局初步建立。

通过团队近几年的奋斗，大件运输许可工作的面貌焕然一新。但是，大件运输许可服务的水平还有很大的提升空间。"路漫漫其修远兮，吾将上下而求索"，团队将"不忘初心、牢记使命"，不断奋斗、努力进取，誓为大件运输行业健康发展奉献自己的青春。

5

忆十年：峥嵘岁月，砥砺前行

朱苍晖

十年岁月回首来时路

2010年夏天，正值国家加快推进综合运输体系建设时期，我院顺应时代号召成立了综合运输研究所（以下简称"综合所"），我有幸成为其中一员，和综合所一起披荆斩棘，勇往直前。一路走来，一路成长，一路收获。岁月徒显沧桑，足迹却愈发真实。十年，弹指一挥间，有着太多的惊喜与收获、感动与成长；十年，褪去了刚入行时的青涩和懵懂，褪不去的是对工作的热爱和对专业领域更高的追求；十年，步入中年之列，岁月在面容上留下痕迹，回首却是最温暖所在、最永恒的幸福；十年，一如既往的刻苦努力，正如当年艰辛创建的综合所一直在砥砺前行。

综合所成立之初，我和来自不同部门的兄弟姐妹们一样，对综合运输业务带着好奇与憧憬，开启了最为期待的工作之旅。综合运输规划、路网规划、枢纽规划、城市交通规划、综合运输基础理论方法等，面临着新兴业务领域，我们朝气蓬勃，在各自业务领域刻苦钻研，为综合所发展贡献着自己的力量。

创立综合枢纽的品牌

工作不久，我就听说枢纽领域是规划院的传统业务板块，在行业内一直处于领跑地位，早可追溯至20世纪80年代的公路主枢纽，近如2007年的国家公路运输枢纽，主要集中在单一公路枢纽。随着国家交通大部门制改革的深入，综合交通运输枢纽的规划、建设与管理提上议事日程，各地建设综合枢纽热情高涨。此时，新成立的部规划司综合规划处和综合所均在寻找工作业务方向上的突破口。在部、院领导的带领下，综合所一批参与过公路枢纽政策的人员冒着严寒酷暑，多省调研，结合专业素养，创新性地提出了在不改变车购税补助资金使用性质及方向的情况下，开展综合枢纽试点工作，成效显著。2012年，部、院联合策划的综合枢纽政策正式落地，"十二五"建设规划、项目管理暂行规定均出自综合所之手。我作为其中一员，有幸参与了建设规划起草、项目库筛选等具体工作。

2012年11月的燕郊虽然寒冷，但全国各省区市交通运输主管部门、规划咨询机构和建设运营企业相关人员被注入了最新鲜的政策养分。当时综合枢纽领域的"李老师""金老师"以及他们讲课照片和视频的传播速度，不亚于4G网络的速度。两次培训奠定了综合所在综合枢纽领域的行业领先地位，开创了规划院的综合枢纽品牌。我作为小跟班，记录下了400余人参与培训、百十人围着"李老师""金老师"咨询的场景。

打造并肩作战的团队

政策的实施与完善必须经过大量的实践经验总结提炼，综合枢纽政策也不例外。外部加强开拓市场、内部保证成果质量是团队立足发展的基础。2013—2014年是综合所开展枢纽资金申请类业务的高峰时期，全所80%以上的同事均担任过此类项目负责人。当时虽然项目多、时间紧、任务重，但大家严格按照院里三审制度和"李老师"的培训课件，并肩作战，采取流水线工作方式，形成了良好的"传帮带"氛围，最终报告质量得到了各级部门及项目单位的认可。据统计，综合所在这两年期间完成了50余个项目。我

2014年京广高铁郑州东站调研

在其中承担的项目数量最多，成了第一批编制枢纽工可及资金申请报告的"吃螃蟹者"，参与了所成立以来第一个综合客运枢纽工可、资金申请报告，负责了综合所第一个物流园区工可，被大家戏称为"枢纽小王子"。项目的集中特训，其中的艰辛不言而喻，但收获后的快乐和幸福更是难以言表。经过大规模市场项目的磨炼及几十个项目的代部审查，业务骨干成了部在综合客货枢纽方面不可或缺的依靠，所内中青年逐渐崛起，市场影响力逐渐增强，金字塔形的铁血团队基本形成。

坚守来之不易的阵地

俗话说"打江山难，守江山更难"。新时期，综合所枢纽团队面临着内外环境急剧变化的考验，业务竞争愈发激烈，人员也出现一定流动。前辈们的经历告诉我们不能坐以待毙，要时刻表现出与众不同。

2014年至今，我们加强了系统总结，每年出版一本专著，《综合客运枢纽项目可行性研究指南》《综合客运枢纽设计指南》《综合客运枢纽规划建设政策理论与实践探索》《城市客运枢纽布局规划及功能优化技术指南》《货运枢纽（物流园区）可行性研究方法与关键技术》五本著作的部分成果已纳入综合客运枢纽各项技术标准及国家相关指导意见中，其中《城市客运枢纽布局规划及功能优化技术指南》入选了2019年度交通运输重大科技成果库。"综合客货运枢纽规划设计与建设关键技术"获得了综合客货枢纽领域的交通运输建设科技成果推广证书，研究成果分别获得了中国公路学会、中国水运建设行业协会等奖项。同时，我们继续扩大综合枢纽领域在全国各地的影响力，提升咨询专业性及服务质量，巩固行业领先地位，从单体枢纽概念规划、工可、方案设计、资金申请，到省区市枢纽布局规划，再到五年建设规划、中期评估、管理办法、代部咨询评估、技术标准等为部服务及国家重点研发计划，形成了全链条的咨询服务。

我常以所在的枢纽团队引以为荣，在2016年、2017年最困难的时候，团队成员仍然在不忘初心地坚守枢纽阵地，完成了《"十三五"综合交通运输枢纽建设规划》《综合客运枢纽分类分级》技术标准等；2018年新签10余个资金申请类项目，服务市场进一步扩大。其间，我从原来的小跟班，向业务骨干发展，逐渐形成了当年"李老师"的模样，枢纽阵地的坚守也多了我的名字。

枢纽阵地的坚守还离不开老一辈专家们的身先士卒、见微知著。王压帝总工在退休前参与最后一个枢纽布局规划类项目"湖南省交通运输物流园区布局规划"调研时，仍然要求我们每天以PPT形式总结调研情况，一日一毕，大家白天调研晚上总结，项目负责人当晚汇总，王总第二天将改好的PPT发给大家。老一辈敬业奉献的精神一直在影响着我们。

坚持着我们的坚持

第一株百合曾说:"我要开花,是因为我知道自己有美丽的花;我要开花,是为了完成作为一株花的庄严使命;我要开花,是由于自己喜欢以花来证明自己的存在。不管有没有人欣赏,不管你们怎么看我,我都要开花。"不管别人怎么欣赏,满山的百合都谨记着第一株百合的教导:"我们要全心全意默默地开花,以花来证明自己的存在。"

进入规划院以来发现,在综合枢纽领域,部里及地方难啃的骨头均交给我们,上至国家综合立体交通网规划纲要、综合枢纽投资补助政策及管理办法制定、难度大的综合枢纽项目代部审查,下至地方枢纽中长期布局规划、国家物流枢纽建设实施方案、大型枢纽方案设计及资金申请。

个人、团队的成长道路上均会面临恶劣的环境或者经历严酷的考验,一株小小的百合为了心中那个美好的愿望都能如此的执着与坚韧,作为规划院枢纽团队成员,肩负着引领国家综合交通运输枢纽发展方向的使命职责,我相信只要不忘初心、坚定信念,谨记前辈教诲,终能重塑辉煌。

6

《国家水上安全规划》编制纪实

杨立波

生命，是交通难以承受之重！安全，是交通发展的永恒主题！

二十年前，面对喜怒无常的大海，靠海吃饭的人家，曾失去多少繁衍生息的血脉，遇险呼救的船员，又留下多少救援无望的哀恸。1999年11月24日，"大瞬"号客滚船在烟台海域遇险沉没，282人命丧冰海，为当时落后的监管救助系统敲响了警钟，也拉开了编制《国家水上交通安全监管和救助系统布局规划》（简称《国家水上安全规划》）的序幕。

二十年后，全副武装的海上搜救人，在变幻莫测的大海面前依然心生敬畏，而在突如其来的海难面前，却能完成使命担当。2018年1月6日，外籍油船"桑吉"轮在东海与中国香港籍散货船碰撞爆燃，海巡01、东海救101、"深潜号"等搜救重器悉数前往，搜救勇士冒险登上难船，成功取下"黑匣子"。二十年间，海上搜救能力由小到大，由弱到强，正是源于《国家水上安全规划》的实施。

《国家水上安全规划》是首个国家级水上安全总体规划，为有效配置国家资源、合理布局设施装备提供了科学依据。目前，该规划已经历三轮编制，均由部规划司委托我院承担。其中《国家水上安全规划（2006—2020年）》《国家水上安全规划（2016年调整）》已完成编制，分别于2007年、2016年经国务院批准，将于2020年完成实施；《国家水上安全规划（2021—2035年）》正在编制，拟于2020年报国务院批准实施。

攻坚与担当

与公路、港口等单一交通体系规划相比，《国家水上安全规划》有四个特点。一是涉及司局多，除部规划司、财审司、水运局、安质司、公安局、搜救中心外，还包括部海事局、救捞局、长航局及其直属机构。二是业务领域广，包括海事监管、航海保障、搜寻救助、溢油应急、抢险打捞、航道维护、航运公安等。三是专业技术杂，包括通信、电子、信息、卫星、航空、航海、轮机、自动化、水工等，且以高新技术为主。四是框架体系繁，包括通信导航、监控遥感、决策指挥、飞机船舶、基地码头、清污打捞、深潜重装等若干类型，下设近百种子系统。

《国家水上安全规划》编制要求之高、难度之大、任务之重前所未有。在编制工作启动时，作为牵头部门，院安全所主业是通导工程咨询，而规划研究业务几乎为零。无论专业配置还是实践经验，远不能满足规划编制要求。为此，我院组建了由数家科研单位构成的规划团队，人员达50余名。尽管如此，在规划编制过程中，

2006年，时任副院长高原（左三）、王旺（右二）、郑学文（左二）、刘胜利（右一）、杨立波（左一）参加专家论证会

团队遇到的困难还是远超预期。

《国家水上安全规划（2006—2020年）》初步成果咨询会上，与会专家强烈质疑，司局代表尖锐批评，研究报告近乎"翻车"。会后，部规划司领导立即通知院领导，向规划团队全面施压，并下达了限期整改的"军令状"。春节临近，团队主要成员推迟放假，有的同事甚至放弃回家团聚的机会，留在办公室冥思苦想、攻坚克难。功夫不负有心人，节后提交的修改完善成果，得到了部规划司领导的基本认可，为下一步工作顺利开展奠定了基础。

在编制《国家水上安全规划（2016年调整）》期间，为准备国家发改委安排的评估会，规划团队提前一个月进入备战状态，经常加班加点，数次集中作业。在评估会召开前晚的预审会上，专家

组提出了多条颠覆性意见,一旦处理不当,极易引发多米诺骨牌效应。尽管意见在厚厚的报告中有所回应,但切实之策是提炼汇报内容,让问题在汇报中自行解决。团队针对预审意见,通宵达旦对PPT精雕细琢。精诚所至,金石为开。第二天的汇报非常成功,团队担心的场面没有发生,会议氛围和结果甚至超出了预期。

仍是在编制《国家水上安全规划(2016年调整)》期间,在向国家发改委领导汇报时,为形象展现领域广泛、系统繁多、技术复杂的成果,规划团队综合运用文字凝练、图表展现、视频渲染等手段,取得了以理服人、以情动人的现场效果。在配合完成报国务院文件期间,国家发改委领导多次表示,相比报国务院批准的其他规划,《国家水上安全规划》团队态度更严谨、能力更综合、服务更高效(无端占用他们时间是很不受欢迎的),为规划顺利批准奠定了坚实基础。

积累与创新

建院初期,我院公路水路规划理论相对完善,但水上安全规划体系却近乎空白,国内外相关研究也凤毛麟角。为此,在《国家水上安全规划》编制及间隙期,规划团队先后开展了多项专题研究,通过积累、创新、再积累、再创新,从现状分析与评估、需求预测与判断、目标与指标体系、布局思路与方法、建设标准与规范、新装备新技术论证等方面,创建了较为完备的水上安全规划体系。基于这些创新成果，团队发表论文50余篇，荣获省部院级奖10余项，出版《水上交通安全规划理论与实践》专著1部，显著提升了我院基础性、前瞻性研究能力。

创新成果在实践中也经受住了考验。在申报2017年度水运工程咨询成果一等奖时，《国家水上安全规划（2016年调整）》不占"天时"，因为入选一等奖的项目比例仅为5%左右；也不占"地利"，因为该奖项主要面向工程咨询，且侧重于港口航道领域，而本项目为规划研究，且属于水上安全领域；更不占"人和"，因为评审专家极少来自水上安全行业，且本项目在院推荐的四个一等奖项目中排名末尾。然而，规划团队并未放弃哪怕一丝的希望。一方面，进一步强化推荐书填报质量，确保成果创新含金量；另一方面，花费一周时间，精心制作5分钟的PPT。最终，本项目汇报画龙点睛，令人耳目一新，作为黑马"出乎意料"斩获了一等奖。

创新无止境，规划团队并未因获奖而沾沾自喜。在编制《国家水上安全规划（2021—2035年）》时，无论是交通运输发展阶段和形势，还是水上安全规划基础和需求，都发生了重大变化，势必要对现有基于风险分析的规划理论进行全方位的升级换代。规划团队通过反复探讨和论证，最终提出了基于情景分析的规划理论。该理论同样适用于公路水路交通规划领域，因为目前基于车船流量和客货运量预测的规划理论，难以判断诸如战略、政策、技术等难以量化却事关全局的外在因素影响。因此，情景分析在《国家水上安全规划（2021—2035年）》中先行先试，对推动综合交通运输规划理论革新意义重大。

思维与格局

在编制《国家水上安全规划》过程中，规划团队始终立足更高站位、更远眼光、更宽视野，谋划水上安全长远发展。为此，团队不囿于经验，而敢于探索思维；不囿于权威，而敢于怀疑思维；不囿于定势，而敢于发散思维；不囿于教条，而敢于多元思维。其中，深远海搜救能力建设的推进工作堪为范例。

2007年，《国家水上安全规划（2006—2020年）》经国务院批准实施后，我国浅近海为主的海上搜救能力建设取得了跨越发展。然而，在当时我国韬光养晦海洋战略背景下，开展深远海搜救能力建设一直未得到政府重视和社会关注，成为对标美国、欧洲国家、日本等海上交通强国的短板所在。

2010年，规划团队审时度势，在编制交通支持系统"十二五"建设规划，落实《国家水上安全规划（2006—2020年）》"十二五"建设方案时，首次提出推进深远海搜救能力建设的构想，使之开始走进部领导的视野。

2013年，规划团队在院刊《交通瞭望》上撰文《加强深远海交通安全监管和应急能力建设》，系统阐述了深远海搜救形势和需求，受到了部领导的高度关注。

2014年，在马航MH370客机失联搜寻中，我国深远海搜救能

院刊撰文

力不足的问题进一步暴露,引起党和国家领导人的高度重视。根据部党组批示和部规划司安排,规划团队临危受命,及时完成了《关于近期加强深远海搜救装备建设的意见》《深海扫测打捞装备购置工可研》等部重点任务。

2015年,南沙群岛主权争端加剧,以深远海搜救为抓手,推进海上执法能力建设日益迫切。规划团队适时在《交通瞭望》上撰文《当前南海交通安全管理策略刍议》,并承担编制了《南海海上搜救与航海保障专项规划》。

2016年,规划团队在《国家水上安全规划(2016年调整)》中,以东海、南海为重点,制定了深远海搜救能力近期(2020年)建设方案,并承担了中远程固定翼无人机和大型远海巡逻船、救助船、测量船等工程咨询工作。

2017年,部领导带队开展了"提升深远海搜救能力专项调研",规划团队根据调研报告,编制完成了《深远海搜寻救助能力建设规划》,以战略眼光和全球视野,制定了深远海搜救能力远期(2035年)建设目标和方案。

2018年,"桑吉"轮在东海远海水域爆燃,对深远海搜救能力建设提出更高要求。规划团队及时撰文《深远海搜救系统发展战略研究》,在世界交通运输大会和国际救捞论坛上做主旨发言,现场反响强烈。

2019年,深远海搜救能力远期建设内容作为重中之重,被纳入《国家水上安全规划(2021—2035年)》。在《交通强国建设纲要》中,由规划团队策划的"深远海搜救能力提升工程",被列为交通强国重大建设工程之一。

深远海搜救能力建设从提出到落地,历时十年之久。规划团队始终心怀远大格局,主动建言献策,为部有效处置深远海搜救等重大事件,适应国内外安全形势变化,提前做出了战略谋划和能力储备。

价值与情怀

规划无言,发展有声。《国家水上安全规划》实施以来,对交通运输及水上安全行业发展影响深远。一是水上安全投资屡创新高,从"十五"的50多亿元,增加到"十三五"的345亿元,

救捞行动

连续三个"五年期"投资翻番。二是装备设施建设突飞猛进,基本建成了全域覆盖、精准感知、快速反应、高效处置的监管救助系统,综合能力接近世界先进水平。三是保障水上安全形势持续好转,船舶交通事故从2006年的440起,下降到2018年的176起,年均下降7%。四是显著提升水上搜救效果,2006—2018年,共救助遇险人员23万人(相当于每小时救助2人),搜救成功率保持在96%以上。五是有效应对重特大突发事件,包括马航MH370客机失联搜寻、"桑吉"轮爆燃救援、大连港"7·16"溢油清除、"东方之星"轮沉船打捞、万州坠江公交车打捞等。

源有活水,江河奔流。通过编制《国家水上安全规划》,安全所核心竞争力和行业影响力显著提升。一是规划研究重大突破,从"十一五"到"十四五",连续承担编制了支持系统、海事、救捞、长航、安全应急等规划(含相关研究课题),约占交通运输专项规划总数的30%。二是工程咨询全面拓展,从通信导航领域,扩展到决策指挥、飞机船舶、基地码头、清污打捞、深潜重装等领域,且95%的项目是直接委托。三是项目产值蒸蒸日

上，安全所虽为小所，但产值指标已从全院垫底，上升到总产值名列前茅，人均产值独占鳌头。四是人才培养成绩斐然，团队中不断涌现领军、中坚和新生力量，2人获部"交通青年科技英才"，3人获院"十大青年英才"。五是院的基本建设突飞猛进，年均投资从500万元增长到5000万元，通过编制《国家水上安全规划》，赢得部规划司充分信任，通过支持系统规划编制，直接推动院基建投资增加。

使命担当，砥砺前行。水上安全行业勇担重任，在重特大、急难险、深远海险情前最美逆行，成为交通运输部弘扬主旋律、传播正能量的时代先锋。作为服务这个行业发展的规划人，我们倾注心血编制的《国家水上安全规划》，已成为水上安全链中的关键一环，必将奠定水上安全发展的厚重基石，预示着更多的鲜活生命由于我们的努力而延续。对从事这样崇高的规划事业，我们感到由衷的自豪和荣耀。

这个时代，不能没有护佑水上安全的英雄，也不能没有引领行业发展的规划梦！

7

徐志远：秉承创业初心，支撑数字转型

林荣杰

为迎接中华人民共和国成立70周年，深入开展"不忘初心、牢记使命"主题教育，2019年7月12日，信息所团支部对信息所党支部书记徐志远进行了访谈。

初识规划院，坚守岗位迎发展

问：您是哪一年入职的，入职时有什么感受吗？

徐：我是1997年来到规划院前身——交通部水运规划设计院，当时最大的感觉就是项目少。我的第一个工作就是拿数字画板描海图，将纸质海图转化成CAD图纸，一画就是四年时间。我是信息系统专业，当时没画过图，对制图、海事航道也不熟悉。海图的转化，需要一个点一个点地绘制，由点连成线，再绘制成一张图。我当时花了很多时间去画图，自己和自己较劲，有点"阿Q精

神"。但画完之后对投影、等深线、陆海关系、雷达站架设等内容就很熟悉了，对专业有了更深的了解。用心去做好一件事情，就会有很多的体会和收获。

问：您入职后印象最深的项目是什么？

徐：1999年中创公司承担了山东省11条高速公路机电工程的设计工作，分包给我们其中一部分。当时我们信息化项目比较少，虽然这个项目只有20多万，但是室里非常珍惜。我11月8号结婚，9号就前往千佛山下的项目现场，连续驻地工作了两个多月，最后3天连续72小时没有休息，到了最后眼睛都快睁不开。我们最终按时高质量完成了各项任务，得到了业主和中创公司的高度认可。

问：规划院是由部水规院和公规院的规划职能合并而来的，能请您介绍下当时是怎样一个背景和过程吗？

徐：规划院1998年成立，适逢国家机构改革，部里把交通部水运规划设计院和公路规划设计院的规划部分成建制地合并，成立了部规划研究院。规划院成立之后，更多的是承担为部服务工作，在规划、政策咨询方面成为部的智囊团。成立之初的规划院一穷二白，工资待遇很低，一批人才流失。在院领导和全体规划院人的共同努力下，经历一段低迷时期之后，规划咨询业务量开始逐步上升，整体情况好转。到2001年，业务量快速增长，呈直线上升状态，收入也随之增加，大家也看到了希望。到2005年以后，规划院已经成为交通专业毕业生最向往的就业单位之一。

问：建院之初的艰难时期，是什么支撑您一直坚持下来与规划院一起成长,并且一干就是二十多年呢?

徐:建院之初,正好赶上第一次互联网浪潮,互联网快速发展,所以我也怀疑过自己选择规划院是不是选错了。当时支撑我继续留下来的,就是一个念头:作为一名党员,即使要离开,也要先把手头的工作做好,不负重托,不存骂名,不留遗憾。基于这些"自私"的想法,我沉下心努力把手头的工作做好,逐渐获得了领导的认可,手上的工作也越来越多,收入水平也逐步增加,留下来的底气和动力就更足了。

问:近几年院发展也遇到了一些困难,您怎么看待呢?

徐:这几年,由于政策收紧等原因,个人收入降低,有一部分同事离职,院里也确实遇到了一些困难。但是我相信,只要规划院人能够按照《振兴规划院三年行动计划》激发斗志、共同努力,未来还是充满希望的。首先,规划院的平台很好,站位高,给了大家一个俯瞰全行业的机会。第二,规划院的人才队伍很强大,素质很高。第三,规划院人的思维模式好、视野广,其他院所想超越也不太容易。同时,"交通发展、规划先行",随着交通强国、提质增效等要求的提出,规划院面临很好的发展机会。

组建信息所,艰苦奋斗争机会

问:您参与了信息所创建和发展的全过程,能和我们说说信息所当时创建的背景和过程吗?

徐：在"十五"末的时候，交通行业把智能交通已摆到了一定高度，但我院在信息化、智能化领域的业务布局尚属空白、人才队伍单薄。当时戴东昌院长指出，信息化是未来的重点方向和领域，规划院若没有信息化相关的规划，将不足以引领未来的交通发展，肩负不起部和行业赋予规划院的使命和责任。在这样的背景下，信息所于2004年4月正式成立。信息所成立时，北京相关的院所已经有近11家信息化科研部门，规划院信息所是个"后来者"，竞争力很小，也没有得到相关司局的认可支持。信息所成立之初，6个分别来自不同部门的有志青年，搭起了信息所的基本班底，一穷二白。大家怀抱推进交通信息化行业发展的使命来到信息所，但架子搭建起来以后没有什么项目可做，非常痛苦难熬。

问：能介绍下信息所最开始做的项目的情况吗，当时大家是什么样的状态？

徐：信息所创立以后，大家咬着牙往前摸索，那时候大家心非常齐。最早的项目是上海海事局给的两个项目，1个10万，1个11万。那时候拿到项目以后，大家非常高兴，如获至宝，一门心思把项目做到最好，通宵达旦加班是家常便饭。那会儿讨论非常热烈，院办公室主任路过还以为大家在吵架。那种学习、探讨、追求极致的创业精神让人很难忘。信息所成立当年的核算产值只达到了100万，勉强够发工资和奖金。后来很多项目，都是信息所的同志们熬通宵熬出来的，无论在形式还是内容上，每个项目都要比上一个项目做得更好。通过艰苦的努力，团队能力、项目成果质量、及时性等方面得到了部领导及甲方的认可,信息所的发展也逐渐走上正轨。"十二五""十三五"信息化发展规划等行业重大项目研究后来都交给了我们,信息所从行业信息化发展的跟跑者变成了引领者。

秉承创业初心,支撑行业数字转型

问:信息所在支撑行业发展过程中,有代表性的项目吗?

徐:我亲身经历的有那么几件事情:第一个是"十五"末的公路水路信息资源整合与服务试点工程,我院和公路院成为两家技术支撑单位之一。通过这次工程,除了部属相关信息化项目外,信息所逐渐打开了整个交通行业的市场。第二个是"十一五"期间,所里承担了部"六合一""三合一"工程的咨询设计工作,这两个项目是"十一五"期间部级信息化最重要的两个项目,项目成果还获得了院科技大奖。第三个是所里承担的"公路水路交通运输信息化'十二五'发展规划"项目,提出了安全畅通与应急处置工程等"四大工程",作为主要技术支撑单位,全面打开了行业信息化咨询市场。同时,按照开放组体系结构框架(TOGAF)的架构思想,编写了《安全畅通与应急处置工程建设指南》,对其他"三大工程"及"十二五"时期行业信息化的发展都起到了引领支撑作用。信息所还支撑部相关司局出台了一系列政策文件,包括智慧交通行动方案、开放共享管理办法、"京津冀"交通发展实施方案、"互联网+"交通行动计划、网络安全指导意见、部"十二五""十三五"规划中期评估等,做了大量开创性、引领性的工作,有力推动了交通行业数字转型。

问: 听说行业现在使用的信息系统工可报告编制办法是咱们所负责起草的,能给我们介绍下当时的背景和过程吗?

徐: 2007年国家发改委印发了《国家电子政务工程建设项目管理暂行办法》,明确电子政务工程的工可编制要求。但是对于如何提高交通行业信息化工程工可编制质量,缺乏有效依据。可行性研究是加强项目前期工作管理、提高投资效益、降低投资风险、推动公路水路交通运输信息化科学发展的重要手段,部里对编制信息系统工可编制办法非常重视,委托我们开展相关的研究。为完成好部交办的任务、满足行业信息化科学发展需要,项目组梳理了所有相关政策文件,逐字逐句地斟酌,力求编制出的办法每一句话都有政策出处,这是一个非常严谨的过程。同时,为了让编制出的办法更加贴近行业实际,依托"六合一"等工程研究实践,项目组分了多个专业,每个专业都由专人负责,把各方面最先进的技术要求一一抽象出来。比如,那会儿对机房设计没有经验,项目组先后参观了十来个标准化机房,学习相关设计院所经验,以明确机房各模块的设计和布局方法,最终突破了机房设计方面的短板。通过大家共同努力,逐步将应用系统、数据工程、主机存储、网络系统、机房等专业的技术方案和编制要求研究清楚,高质量完成了《公路水路交通运输信息系统建设项目可行性研究报告编制办法》。该办法

2019年，石良清副院长（右三）、徐志远（右四）在高速公路称重数据和大件运输许可数据对接项目组封闭现场

印发后成为全行业信息化工程立项的主要政策依据。

问：随着数字交通转型发展，信息所面临怎样的机遇与挑战？

徐：提供高质量的服务是交通运输发展的目的和价值所在。随着我国基础设施网络的不断完善，交通运输的运行效率、安全保障、绿色发展等需求在不断加强。习近平总书记明确提出要加快形成安全、便捷、高效、绿色、经济的综合交通运输体系，这些要求在现有基础设施和装备水平条件下，只能通过信息技术手段来实现。在数字交通推动行业转型升级的大背景下，信息所的未来大有可为。当然，在好机会面前，往往僧多粥少，竞争激烈。大环境的机会不意味着就是信息所的机会，不意味着是个人的机会。但凡自己停下前进的脚步，就可能会落后，因为别人未曾停下前进的脚步。要想赢得更好的发展机会，就必须保持持续的领先。

寄语青年，奋勇拼搏牢记使命

问： 面对机遇和挑战，您有什么想对年轻人说的吗？

徐： 规划院自1998年成立至今，在20多年的发展过程中，遇到过很多的困难与挑战，所走的每一步都很艰难。不论对于规划院还是每一个员工来说，这都是一个历练的过程，通过自己给自己加压，去学习和认识很多新的东西，不断地提升自己，进而做出一步又一步的创新。尤其对于年轻的新一代，一定不要害怕有难处，做事的时候要用心去做，用心体会，牢牢地把握住机遇才能有所收获。规划院这种科研单位，不同于其他传统的部门，每天都会接触到很多新的东西，只有敢于尝试，敢于创新，才能有所得。

信息所必须不断提升自身业务能力，不断强化创新意识，不断努力往前追，才能保持行业的引领地位，才能更好地支撑部和行业信息化的发展。我依然觉得，规划院是一个比较好的平台，咱们信息所大有前途。信息所的队伍是一支非常能战斗的队伍，大家都有较高的职业素养，都有不断进步的追求，这是我们最大的资本。

问： 您觉得信息所的初心与使命是什么呢？

徐： 信息所从一开始就象征一种创业文化。建所之初，我们走的每一步，前面都有个"巨人"已经站在那里，必须要依托这样的创业精神才能谋求发展。因为一穷二白，信息所走的每一步都是一种创新，所做的事业都是前所未有的，都是在开拓一个又一个空白的领域。信息化技术每天都在发展，移动互联网、自动驾驶、

5G、边缘计算等技术快速发展，这就要求我们必须在任何时候都要有创业精神，要不断学习新的知识，敢于探究自己未知的领域，做每一件事都要多用心、多动脑。选择了信息化，就选择了创业。

　　谈到信息所的初心和使命，大家都有一个基本的价值追求。信息所当初成立就是因为行业转型需要，其初心和使命就是要为行业提供科学有效的信息化解决方案，积极推进信息技术和交通运输行业的深度融合，促进行业转型升级、提质增效。对照初心和使命，我们要有担当，无论到哪里，做什么工作，都要有责任心，全心全意做好自己的本职工作，恪尽职守，不能有混日子的想法。年轻人要找到自己的初心和使命，不计较一时的个人得失，努力实现自我的人生价值。

8
做信息化引领交通强国的"追梦人"
陈琨

"让青春吹动了你的长发,让它牵引你的梦……"我们在时间的赛道上奔跑,接过先辈手中交通运输信息化规划编制的接力棒,从一个五年,奔向下一个五年……"十一五""十二五""十三五""十四五",在这一圈又一圈的赛道上,在这挥洒着青春与汗水、饱尝着甜蜜与煎熬的奔跑中,交通运输信息化实现了从"支撑"到"引领"的跨越,我们也逐渐从"跟跑者"成为"领跑人"。

深耕耘,凝聚行业信息发展共识

我们一直在交通运输信息化战略咨询的土地上"深耕细作",我们一直在信息化引领交通运输现代化的征程里"砥砺前行"。信息化对交通运输业的作用是支撑、推动,还是引领?从

1989年交通部出台《交通运输经济信息系统(TEIS)——"八五"发展计划》至今，关于信息化地位和作用的争论一直不曾停息，而行业信息化发展理念也一直在不断转变。

2008年12月26日，在部423会议室召开的"信息化对现代交通运输业的推动作用及发展策略研究"开题报告审查会上，高原副院长就要求重点研究交通信息化"怎么干"的问题，重点改善四类人的心境，着力改变"信息化从业者越做越伤心，信息化使用者越用越死心，信息化管理者越管越闹心，信息化决策者越投越灰心"的消极局面，全行业要统一认识，理顺信息化发展的体制机制。

随着信息化与交通运输业的不断融合，信息技术作为交通运输的重要生产要素，正在悄然改变着交通运输的需求形态，以及交通运输生产、管理和服务方式，推动着交通运输的转型发展。2014年，在杨传堂部长的关注下，我们承担了"信息化引领交通运输现代化发展战略研究"项目，全面分析了信息化与交通运输现代化的相关关系、主要作用和作用机理，明确了信息化引领交通运输现代化战略思想的内涵。信息化"引领"交通运输现代化逐步成为行业共识。

贵有恒，搭建行业信息化发展框架

2008年10月，在与济南市交通局的座谈交流会上，信息所原所长杨建国谈到怎么做行业信息化规划。他说要做"管理的设计、平台的设计、制度的设计、数据的设计、标准的设计",要"打基础、建制度、重监管、扩两头❶",才能够"促行业"。

同年,我们承担了"国家公路交通出行信息服务系统总体规划",对出行信息服务的建设和运营机制进行了深入研究。在承担上海、广东等十余个省市的"公路交通信息资源整合与服务工程"咨询设计工作中,不断强化信息化体系架构设计,帮助十余个省份建立了交通信息中心管理机构和管理制度。随后,在广东、福建、安徽、湖南、四川等多个省的交通信息化顶层设计,以及南非共和国交通部ICT-Hub可行性分析项目中,一个又一个项目的沉淀积累,不断完善了我们的行业信息化架构设计理念;一笔又一笔的细细描绘,逐步勾画出我们的行业信息化总体框架图。

为了更加科学系统地绘制行业信息化发展框架,2014年2月,我们在北大燕园组织开展了为期一周的"开放组织架构框架(TOGAF)"培训,培养我们从全局的角度思考,如何实现行业管理模式、业务流程、数据资源、信息系统和信息化技术的有机融合。

2015年3月,在编制"交通运输信息化发展'十三五'发展

---

❶ "重监管、扩两头"中的"两头"是指决策和服务,监管位于中间,是行业信息化建设的重点。

2014年2月,赴北京大学开展"开放组织架构框架(TOGAF)"培训

规划"的过程中,徐志远同志绘制了"纵向贯通、横向互联"的行业信息化发展总体框架图,确定了"大数据、大平台、大系统""部省联动、共建共享、联网运行、全国一体"的行业信息化管理体系、数据体系、应用体系和技术体系。

善钻研,解决行业信息化发展难题

"我们既是在做交通信息化规划,也是在做信息化条件下的交通规划。"每一次规划、每一项工程,我们都是从业务问题出发,以社会关注的热点、难点问题为切入点,优化信息化条件下的新的业务机制、业务流程设计,着力解决信息化和业务"两张皮"问题,并制定信息系统工程可行性研究编制办法、重大工程

四川省公路水路交通应急指挥及抢险救助保障系统工程调研现场

建设指南，指导行业实践。为了解决行业信息化发展长期存在的资源共享难、互联互通难、整体性业务应用缺乏等问题，我们制定信息资源共享管理办法、信息化规划推进策略，殚精竭虑提出解决方案。

汶川大地震后，我们承担了"四川省公路水路交通应急指挥及抢险救助保障系统（一期）工程"咨询工作，当时迎难而上，翻阅了不知多少应急管理预案和案例，梳理了不知多少应急机构和职责，研究了不知多少应急资源和布局模式，从管理机制、运作模式，到技术体系、平台搭建，我们努力做到"从业务中来，到业务中去"。

2008年春运，那场持续近1个月的低温雨雪冰冻灾害，导致南北交通大动脉京珠高速公路广东、湖南段被冰雪阻断，大批车辆滞留，抢通救援队伍曾经在严酷的灾害面前几近束手无策，反映出我们行业应急指挥能力极度缺乏。"十二五"规划中，通过研究项目"公路水路安全畅通与应急处置重大工程"，推动跨区域、跨部门数据共享、业务协同和应急联动，逐步实现了现场"看得见、喊得应、指挥得了"。

在"海事信息资源规划"中，我们和十余位从直属海事局抽调的同志一起，历时11个月，梳理了几千份原始业务表单，建立了7大业务领域、109个业务过程、457个业务活动的业务模型，完成了成千上万的数据表、数据流程图、ER图和全域数据模型的绘制。

在"十一五""十二五""十三五"等部级、省（区、市）级行业信息化规划编制过程中，我们实地考察了不计其数的行业管理部门和企业，与行业内外专家不厌其烦地进行座谈交流和思想碰撞，无数个日日夜夜的奋笔疾书、激烈争论……仅"十三五"规划，就编制了68个中间过程稿，召开过3次部专题会，组织3次会议征求行业内外意见。一周七天，从早八点到晚八点，加班几乎成了工作常态。徐志远的手机显示，2018年全年飞行次数69次，行程10万公里……

守初心，绘制行业信息化发展蓝图

我们曾经询问行业信息化规划是做什么的，王旺院长助理回答说："为行业信息化谋发展，为部投资计划定项目。"这是一个十分朴素又直白的答案，指导我们在支撑部制定规划、监督实施的过程中，特别是在代部组织项目咨询评估时，能够做到秉持

2018年4月,于江苏省交通运输厅研讨"数字交通发展规划纲要"

公正,恪尽职守,守住初心。

薪火相传,一代又一代规划院人一直在时间的赛道上奔跑;不忘初心,一代又一代规划院人仍在深入探求"人民满意"的交通信息化发展蓝图。

青春不老,追梦的脚步将永不停歇!

9
不忘初心，再创辉煌

李碧珠

支持系统新老兵，交通行业螺丝钉。
五湖四海同聚首，自立创新规划情。

交管系统拔地起，海岸电台换容装，
北斗导航启新途，保驾护航圆梦扬。

安环信人魂永驻，疾蹄信步梦担当，
崛起中华倡共享，丝途沿线国互昌。

历历往事难书尽，初心使命不能忘，
拼搏精神催奋进，筑国梦再创辉煌！

肆 ——

铁 马 冰 河

tie
ma
bing
he

1 格律诗三首

杨文银

迟归

朝青暮雪归原部,铁打银盘似水兵。
烟树蓟门杨曳曳,曙光西里雾蒙蒙。
青年笑问鲜来客,故旧招呼苦忆名。
梦里浅吟《龟虽寿》,长风破浪《短歌行》。

感怀

十年余四有归时,耳畔又闻"封闭"词。

沙场点兵今未忘,长缨欲请乞辖司。

同事

耕者少闲时,朱明假未期。

明灯遥伴月,泡面暂充饥。

夜(拍摄:方修宁)

2019年9月,院长陈胜营(前排左六)、党委书记杨文银(前排右六)、副院长金敬东(前排右五)在院工会委员会第六次会员代表大会合影

2
你不是一个人在战斗

程金香

2004年3月,已接到录用通知但还未毕业的我怀揣着感恩之情来到北京,来到了我未来的家——交通部规划研究院。在此后的十五年间,我逐渐认识她、了解她、理解她,我为她骄傲、为她自豪、为她奋斗、为她快乐……我全心全意地爱上了她。

在这里,我经历过集体活动时的大汗淋漓、研究项目时的通宵达旦、项目审查时的焦灼不安、胜利时的欢呼雀跃,所有的一切,都在诉说,你不是一个人在战斗。

因为,我们是一个紧密相连的团队。因为在这里,我们有很多无私奉献、共同奋斗的亲密战友。

舍小家保大家的徐洪磊同志。 2005年底,为保障"国家高速公路网规划环评""渤海水域船舶与港口污染防治方案"按时保质完成,项目组要去集中封闭。记得那天是我新婚后第五天,便和徐洪磊、谢燕、王忠岱、黄丽雅一起赶去了北京郊区泰山饭店集中。这一集中,就是一个月。每天"811",即早8点晚11点,非常辛苦,但辛苦工作的同时也留下了"烤羊腿、双人房"等回忆。那时徐洪磊的爱人怀胎已8月有余,每到周末就挺着大肚子来泰山饭店陪我们一起加班。我们当时开玩笑地对徐洪磊夫妇说:"为了纪念这段加班的日子,你们的孩子应该叫泰山。"完成报告后的第十天,2006年的1月8日,他的女儿就出生了。这一次集中封闭,徐洪磊同志没有因为女儿出生影响工作,他说我们是一个集体,一个人的缺席无形中就增加了其他人员的工作量,只有共同努力才能圆满完成任务。

温暖关心青年职工的郑学文同志。2011年11月12日,我突然接到了部救捞局的紧急电话,要求11月13日上午8点之前完成一篇上交部党组的调研报告。工作任务来得突然,资料整理工作非常繁重,加上时间又紧,我急得晕头转向。时任院副总郑学文了解情况后主动跟我说:"忙完晚上和你一起加班。"我还就此事给正在出差的时任副所长徐洪磊同志打电话,他也说道:"别着急,晚上出差回来一起加班,你不是一个人在战斗!"晚上7点开始,忙完紧急工作的郑总、出差回来的徐所和焦虑不安的我在二楼水上安全实验室集合,开始紧张的分工、埋头写作、讨论、争论、整合等,一夜无眠后,终于在次日早上7点半完成了主体调研内容的现状整理、问题说明、规划思路和建议,并准时交到了部救捞局领导手里。领导竖起了大拇指:"规划院是一个能打硬仗的队伍。"一夜奋战后,没有一刻休息的郑总和徐所却又开始了忙碌的一天。郑学文同志常说，有问题大家一起解决，这是我们规划院人的工作作风。

贡献大家智慧的张小文同志。2012年，"国家重大海上溢油应急能力建设规划研究"启动，该规划涉及风险类型多、方法复杂、范围广，且是第一次在全国范围内做此类专项规划。项目启动后，作为项目负责人的我压力很大，面临很多技术难题和攻关难点无法解决的现状，焦躁失眠、情绪紧张，甚至嘴角都上火起了泡，精神状态不佳。时任分管院领导张小文同志对我说："要借助大家的力量，开动大家的脑筋，我们都是大家庭的一员啊。"他多次参与项目讨论，通宵达旦，出钱请我们吃加班餐……经过了四年多来上百次的会议讨论，30余次的部门间沟通，凝结规划院集体智慧结晶的"国家重大海上溢油应急能力建设规划"终于在2016年获得国务院批复，由国家发改委和交通运输部联合印发。工作过程中，张小文同志敬业的工作态度、坚持真理的工作作风多次在会议中发挥了力挽狂澜的作用，同时他也和参与此项工作的各部门同志结下了深厚的革命友谊。

"你不是一个人在战斗"诠释的就是环境资源所"团结担当、追求卓越、顽强拼搏、永葆活力"的工作习惯和作风。接过前人的接力棒，代代往下传。后来的日子里，无论是怀胎十月的日子、严寒酷夏的夜晚、节假日……仍在工作的我时刻用自己的行动告诉我周围的新老同事："你不是一个人在战斗"。团队的力量、成长的速度、工作的质量，越来越多地影响着周围的人，同时团队中也涌现出了更多的传力人，热情豪爽的田荣洁、严谨勤奋的李悦、聪慧多智的郑超蕙、高效严谨的韩兆兴、满满正能量的支霞辉……

环境所各类学习交流活动剪影

功夫不负有心人，工作取得累累硕果的同时，团队的战斗力也获得了更多合作单位的信任和赞赏。2015年，我们在配合部水运局"船舶与港口污染防治行动方案"研究过程中表现出的严谨的工作态度、深厚的业务功底以及突出的团队合作精神，获得了上级领导的高度好评。自此我所和部水运局建立了长期合作关系，也为保证水运环保专业在国家形势和行业要求下的可持续发展奠定了基础。

走得再远，也不能忘记来时的路。回顾历史，才能珍惜现在、走向未来。好的习惯和作风要传承，我们每个都是受益人，也要当好传承人，只有"不忘初心"，代代薪火相传，才能让"追求卓越、顽强拼搏"的规划研究院"永葆活力"，这需要我们的一起努力。

此刻的我百感交集，心潮澎湃。我爱规划院，我爱环境所，我将继续把饱满的热情奉献给我的岗位、热爱的环保事业。因为我明白，我不是一个人在战斗！

3

赵星：革命尚未成功，同志们还需努力

郑欣蕊、颜开

2019年6月27日，安全所团支部对已退休的老前辈赵星进行了主题访谈。

赵星（左一）接受采访

问：赵老，您好。作为安全所的老前辈，成绩优异的高级工程师，今天我们非常荣幸能够采访到您。首先，请您向我们介绍一下您的基本情况吧。

赵：我出生于辽宁沈阳，但在沈阳只待了6个月就移居大连，在大连待了30年，直到大学毕业。我在16岁的时候开始插队，在辽宁省北票市大三家子公社新农工大队待了4年，这4年工作比较苦、比较累，干过各种各样的农活儿，例如扛麻袋、掏粪。20岁的时候进入炼油工厂，当了6年的操作工人，一直到26岁。在工厂和在农村完全不一样，因为石油化工厂的危险程度比较高，车间很容易着火、爆炸，在化工厂我养成了一个很好的习惯，就是严格按照相关的操作规程和规章制度，一丝不苟，一点不能出差错。总结这10年，就是在农村锻炼了吃苦耐劳的品格，在工厂养成了按规定办事的习惯。26岁的时候，我参加了高考，考上了大连海运学院，也就是现在的大连海事大学，学的是通信船舶无线电。毕业以后，就被分配到了交通部水运规划设计院。

问：您觉得印象最深刻的学习经历是什么？

赵：两个比较深刻的学习经历就是学习高数和电磁场。上大学之前，数学可能还停留在初二的水

20世纪90年代认真绘图的赵星

平，在读高数的时候还得补好多。三角几何这些全都得重新学。当时只能刷题，从习题集的第一题到最后一题。第二个就是电磁场，电磁场当时刚刚及格。其实我感觉学习是一辈子的事，不是说哪个印象深刻，实际上是每个阶段每个时期都得学习。（即便是）我退休了，现在有时候还得看卫星WiFi到底是怎么回事，对吧？有时候人家提出一个什么来，你不看，你怎么知道它的发展动向是什么？最新的一些趋势是什么样？再如GMDSS❶现代化，那么老的系统要被更新淘汰。GMDSS是20世纪70年代末的技术，那么新的系统出现了它的可成长性。它的适应度到底是什么样子，至少应该有自己的看法。我觉得还是应该一边学习一边思考，活到老，学到老。

问：您在工作中遇到的最大困难是什么？是如何解决的？

赵：遇到最大困难应该是在20世纪90年代初。当年司里头安排了一项工作，做国道主干线公路通行规划。当时给咱们院下达了一个任务，就是编制国道主干线公路的通信规划。水规院在1982年到1992年10年的时间内主要是搞水上（工作）、搞电台，对公路通信一窍不通，毕竟有很多区别，服务对象都不一样，所以感觉是比较困难的。对通信规划虽然接触过一些有关通信的技术，但是跟我们当年水上中心、海岸电台的这块完全不一样。而

---

❶ 全球海上遇险与安全系统（Global Maritime Distress and Safety System，GMDSS）。

且当时也没有那么丰富的网络,所以当时包括查资料学习都得现学,没有现成的资料,因此就比较困难。

问:赵老,您觉得最苦、最累的一段时期是什么时候?当时的动力是什么?

赵:什么叫最苦最累,肯定在工厂时是最苦最累的,要说有什么动力呢,没什么动力,那时候人都比较单纯朴素,大家都努力干,所以自己也努力干。

问:那您觉得在规划院的职业生涯中,最自豪的一个项目是什么?

赵:没什么自豪的,我从参加工作到现在,已经快40年了,只是有几个项目觉得比较有意思。第一个是刚刚说过的国道主干线公路通信规划,算是比较有挑战性的。第二个就是当年实施海上的一些安全系统,有幸参加,跟在老同志后面参加设计了全球海上遇险与安全系统。当时这个项目主要还是一个设计性的工作,它涉及的内容也比较多,规模比较宏伟,也挺有意义的。我们在当时通信中心的领导下,然后包括我们的设计单位和各地部门的配合,按照国际海事组织要求,在1999年2月1号开通了这个系统。不止花了四五年,我们论证差不多从前面论到后面有10年。这个系统现在也可以用,就是当年打的基础,后来再更新什么的。第三个是2000年初,全国沿海甚高频安全通信规划,因为做GMDSS那个项目的时候,由于当年条件所限,甚高频上的站点比较少,但是又是沿海安全比较重要的一个通信方式,所以需要做一个全国沿海甚高频通信规划。这个项目是得到了部里头正式发文批准的，等到系统正式发布后，各地开始在各个海事局辖区都进行了甚高频建设。第四个就是第四代海事卫星北京关口站的建设，投资了4.9亿元。还有一个项目是上海海岸电台发信台

1998年赵星（右二）在大连调研

迁建工程，在上海崇明岛整个600亩❶地大概投资了5亿元。这几个项目的话，总体上来说也是边学习边干活。

问：您觉得应该如何平衡家庭跟工作的关系？您工作繁忙，经常出差，家人是否理解？

赵：我想从另一个角度来说这个问题。现在不是说我们如何平衡家庭和工作关系，包括说工作方面经常出差，家人是否理解等等，这个不是你来评核，而是你们的家长和我们的家长支持你的工作。其实我们平衡不了，是家人为我们承担了我们的那部分责任而已。因此我觉得我们多理解我们的父母，多感恩我们的父母，正是因为他们的支持，我们才能更好地工作。

问：赵老，您现在已经退休了，但是仍然出差、调研，是什

---

❶ 1亩=666.6平方米。

么样的力量让您十几年如一日地坚持奋斗在一线的？

赵： 第一因为前年退休以后在家待着没什么事，而且我也闲不住，想找点事情做，所以就回来上班了。第二我感觉咱们这所里这么多年轻同志，跟他们多相处，能够让生活更有意思一点，自己精气神能好一点，能多活两年。我觉得工作不是一个让我很辛苦很累的事儿，而是一个很幸福充实的事情。现在也不像当初，交通便利，一点都不辛苦了。

问： 您在安全所待了这么多年，回顾安全所多年来的发展历程，您认为有哪些关键的创新？

赵： 在我们的行业这块，我们所就是在不断地创新，我们最早的只有通信导航，后来发展了环境，后来发展成信息，实际上后来就分出去了，变成了环境所、信息所，这是我们当年的创新。而且我们现在也不光是做通信导航，我们支持系统包括安全的那一块，也都是创新，包括船舶的这一块，船舶的那些船舶论证船舶安全什么的，其实都是一直在发展。我们最早只是做工程，后来做规划，做规划研究也都是创新。

问： 目前，您比较关注交通安全行业哪些创新技术？可以简单介绍一下吗？

赵： 智能船舶，无人机，这都属于技术创新，还有VTS的一些卫星通信，现在VTS他们都有3D的VTS，然后卫星WiFi、北斗，这都是创新技术。

问： 赵老，我们这次访谈的主题是不忘初心、牢记使命，请您谈谈您职业生涯开始时的初心和贯穿到底的使命吧。

赵：1989年刚进院的时候，当时院领导提出了一个发展思路：出精品，出人才。要出这个人才，而且这个人才要出精品，而且出精品的过程中出人才，出了人才才能出精品，这两个是一个非常有逻辑的关系。这个发展思路指导了相当长的一段时间。所以你说不忘初心，我就想到这个事，确确实实因为你出精品也好，出人才也好，不是这几个字，而是你得打基础，得掌握技能。包括一些规范的了解，你不掌握规范，有可能你设计就有风险的。你像这些技术规范、技术规定都是指导我们做精品的一个很重要的方面。比如说我这一个房间一个机房里头，我要接个电缆，我要接什么样的电缆是吧？这规范都有要求的是吧？是不是需要包裹？对，它的弯曲度是多少？其实都是一些很小的点。我们现在这个所多是一些年轻同志，有可能大面上的东西是过得去的，但是如果你抠细节的话，可能就不太清楚了，所以我觉得不忘初心、牢记使命，落到现实处，还是出精品出人才。愚公移山要有坚忍不拔的精神，纪念白求恩，核心是四个字——精益求精。这两点特别重要，特别是年轻一点的同志要注意学习，要注意认真。

问：赵老，最后您有什么想对安全所青年说的话？

赵：没有什么别的话，还是那句，革命尚未成功，同志们还需努力。

4

带着初心做件事：综合所大通道研究侧记

孙鹏

入院七载，不长不短，正好是院史三分之一。我主持过的重大项目不多，自觉难以讲得细致入微，但作为学习者、参与者，有时停下脚步，回首看看足迹，也能温故知新，为自己保持初心工作而欣慰不已。恰逢"不忘初心、牢记使命"主题教育活动，便尝试随着回忆，不完全地记录一次所内研究活动——可能是我所见投入资源最多的一次。

开端，接受任务

大通道的研究始于2014年，按照国务院的部署，2014年11月交通运输部印发《交通运输部贯彻落实〈物流业发展中长期规划〉部内任务分工方案》，明确把物流大通道建设列入"三重大"建设。时任部综合规划司巡视员于胜英和综合规划处处长范振宇带队,将"推进物流大通道建设研究"分解成了基础设施、运输组织、通行管理、信息化、标准化等多个专题。我院牵头开展政策研究工作,而综合所承担其中的基础设施专题研究任务。时任所领导凭借高度的政治责任感和技术敏感性,判断出此项工作的重大意义,调动大量研究力量参与项目的研究,所内很快成立了由所长金敬东任主管所长、王压帝总工和陈璟总工双老总技术把关、经济室和城市交通规划室两位室主任双项目负责人的课题组,并从全所抽调铁路、公路、水运、民航、物流园区、交通建模与地理信息系统(GIS)等多个专业的技术骨干参与项目的研究,常备研究小组人员超过10人,而参与技术方案讨论的研究人员则达到了"半所"之多。

破题,化繁为简

课题组成立伊始,技术上属于摸着石头过河,问题层出不穷。从概念内涵到系统技术经济特点,从需求规模到空间结构,从开展需求分析的数据基础到系统配置的技术路线,基本上都是空白。面对时间紧、难度大的任务要求,课题组不忘为部服务之初心,就研究对象技术路线方法多次开展深入讨论,并向行业专家、基层物流企业借智。经与规划司多轮沟通,课题组短时间内明确了研究的对象范围,明晰了物流大通道的内涵与外延,提出了国家大通道多方式、大运量、跨区域长距离的三大基本特征和初步判定指标,并将研究重点集中到现状通道的梳理和近期改善方案的制订上。现在想来，项目初期对任务的明确和简化，大幅度提高了研究的效率，为圆满完成部工作要求打下了良好的基础。

夯基，数据整备

为便于工作的开展，综合所将课题组进一步划分为通道组和枢纽组。以经济室为班底的小组侧重于通道结构分析，以城市交通规划室为班底的小组侧重于枢纽城市的研究，两个小组工作紧密联系又有一定的独立性。我所在的通道组承担需求信息提取的工作，又进一步划分为需求分析和系统配置两个专项。通道需求分析工作面临的第一个问题，是缺少可用于量化分析的数据基础和GIS条件。面对数据来源匮乏、GIS人才储备不足的实际情况，课题组一边协调规划司和院业务所收集铁路、民航航段、干线公路网、内河高等级航道网、重点港口、机场和公铁枢纽货运量、交通量数据、货流数据；一边挖掘所内GIS潜力，集中室内具备GIS基础的同事和高校实习生，边学边建边录入数据。仅用一个月，课题组便分别基于ArcGIS和TransCAD建立了涵盖地市一级城市节点、干线铁路网、国家高速公路、国道、内核高等级航道网和港口、机场节点的全国货运基础设施网络和货流的数据库和GIS系统，基本具备开展全国货流分析的数据条件。

方案：发现的快乐与研讨的反复

在建立通道和枢纽分析数据库的同时，课题组对全欧交通网络计划（Trans-European Transport Networks，简称TEN-T）和美国交通运输法案国家货运网络技术方案（Moving Ahead for Progress in the 21st Century Act，简称MAP-21）进行了系统的研究，梳理和总结了欧美国家对顶层物流通道的识别方法。在此基础上，课题组结合我国货物运输的基本特征，提出了"高密度区段信息提取—国家战略物资通道叠加—枢纽城市节点提取与覆盖—重大国家战略需求叠加"的基本技术路线。此后一段时间，依托相对完备的GIS数据基础，课题组对高密度区段和关键节点信息提取阈值设定、关键区段与枢纽节点的拓扑关系梳理、区段货运量形成机理和预测等方面进行了大量的实践实验，得到研究最为重要的结论之一——"3/7"原则，即我国干线陆路交通网络总体上以30%的线路完成了70%的货运周转量。"3/7"假设随后在各方式网中到验证，超乎想象的成就感油然而生，以至于现在回想起那段在规划院1311会议室集中工作的时间，走廊内经常回荡着课题组激烈却不伤和气的讨论声，仍感到无比快乐。言归正传，"3/7"原则的关键区段后来也成为物流大通道建设的核心对象和规划基础方案。课题组很快形成了五纵五横现状物流大通道方案，并于年底结合重点货流预测和国家战略叠加分析得到12条物流大通道的初步规划方案。之后的日子，课题组一边完善研究报告，一边征求行业专家、相关部门、部分省份意见，对通道方案不断进行完善和补充，不断反复调整修改的过程虽然枯燥，课题组的同志们仍坦然接受，仔细优化调整，直到方案发布。

升级：从单一到综合

物流大通道的研究让我们拥有了能开展综合运输通道研究的人员，也初具技术底气，为开展国家综合运输通道修编、确立交通运输部综合交通运输规划主导地位提供了技术条件。《"十三五"现代综合交通运输体系发展规划》是交通运输部牵头编制的第一个真正意义上的顶层综合规划。2015年，部综合规划司决定在"十三五"规划中加入综合交通运输空间总体格局的内容，统领行业中长期发展，并正式启动了复合型综合运输走廊布局规划研究项目工作，此项任务由我院综合所和国家发改委综合所共同承担。综合运输大通道的研究工作，相较于物流大通道，研究对象上拓展到整个交通运输体系，研究时间维度也从近期转向中远期。由于方案肩负了支撑规划建设的任务，在研究精度等方面的要求大幅提高，总体来说是一次对既有研究思路与方法全面升级的挑战。

深化："十纵十横"综合运输通道

因深知此项工作对于交通运输部履行规划事权和行业发展指导的重大意义，接到任务后，我院综合所立刻在原有物流大通道课题组基础上增加研究力量，短时期内明确与发改委综合所的任务界面，成立多个技术专项小组对重大问题开始攻关。通道组重点围绕区际综合交通运输需求生成与分析、客货运输关键区段信息提取、国外综合交通运输规划研究思路借鉴、综合运输通道规划技术路线研究等重大问题开展研究，枢纽组围绕综合枢纽城市重要度分析、枢纽与通道耦合关系等重点问题开展工作。

规划技术路线的设定是此次研究的灵魂，也是任务早期研讨最多的内容。研究过程中我们充分考虑了既有交通运输网络、各方式规划网络和未来行业内外部驱动力的导向要求，借鉴美国综合运输法案和综合运输通道规划、欧盟交通发展白皮书和TEN-T计划、日本国土开发（形成）计划中综合运输空间格局方案的研究思路和价值导向，经过多轮研讨，确定了通过在现状交通运输网络上叠加"三张网"（基础网、概念网、规划网）得到规划方案的基本思路。现在看来，这个技术路线除了具备创新性和先进性以外，还具备很强的容错性，三张网由易及难，但也自成体系，即便在需要建模分析的规划网阶段出现问题，前面网络的叠加成果也可以形成"可行解"作为临时的规划方案。

三网叠加的基本思路确定后，各小组进入技术细化工作。在规划司和院领导的支持下,课题组收集了全国客运流量数据、客货OD(Origin-Destination,交通出行量)、节点客货运和经济数据,在原有系统基础上将数据库信息扩充了数倍。通过反复实验,基于不同地区经济发展阶段和产业结构特点,我们建立了多样化的省际客货运输生成和吸引模型,初步具备了通过量化分析支撑通道方案的条件。系统从经济转型、人口结构、城镇化、产业与新经济、资源约束、国土安全、国家战略导向等多个领域开展交通运输发展的趋势分析,对2030年我国跨区域大通道的客货运输需求进行了预测和分配。通过近半年的"收集—建模—分析—实验—调整—反复调整—形成结论"的过程,在2016年形成了全国"十纵十横"综合运输通道的初步方案。

成绩:纳入国家规划

综合运输通道规划方案制订以后,综合规划司对我院成果表示了极大的认可和信任,后经过多轮与国家发改委的规划方案对接,在主体方案总体不变的情况下调整形成了最终纳入《"十三五"现代综合交通运输体系发展规划》的通道方案。

从2014年末到2017年初,综合所用了两年多时间,从无到有初步建立了国家级综合运输通道研究的基本范式与技术路线,用定量分析、定性论证的方法,构建了行业顶层的功能空间格局,支撑了国发〔2017〕11号、交规划发〔2016〕217号等行业重要规划、政策的出台。面对项目周期长、难度大、投入人员数量多、产值压力大等诸多问题，综合所班子秉承建院初心，将为部服务作为第一要务，从各个方面优先保障此项重大研究工作的进展。课题组发扬行业"两路"精神，加班加点、紧锣密鼓开展各项研究工作，同志们秉承为行业建功立业、实现学术理想的初心，迎难而上，通过所内、院内合作交流，同舟共济，解决了一个个重大技术问题，保障了大通道方案按期、保质完成。

当前，全面推进交通强国建设是交通运输行业的首要任务，也将是我们这代交通人最为重要的使命和发挥才能的舞台。未来的职业生涯中，我们将继续沿着规划院前辈们踏出的道路，坚守初心，勇担使命，为规划院振兴、为交通强国建设贡献自己全部的力量。

5
记忆深处的那些日子
杨爱国

2019年6月初,我带队到西藏调研,这是我第二次入藏。站在布达拉宫宫前广场,仰望湛蓝的天空,仿佛触手可及的云朵,还有那被映衬得更加雄伟的布达拉宫、熠熠生辉的金顶,我的思绪渐渐回到了18年前。

2001年,杨爱国(左一)、金敬东(中)、沈永木(右一)在进出藏通道调研中的合影

2001年10月8日

国庆节假期过后上班的第一天。临近中午,赵儒玉主任给我布置了新任务,参加青藏铁路建设对西藏公路交通的影响研究,项目组有金敬东主任工程师、沈永木和我,赵儒玉主任是部门主管,主管总工是关昌余副总和戴东昌副总,主管院长是张剑飞副院长(后调整为西藏挂职回来的杨文银副院长)。

赵主任先给我介绍了项目背景。2001年6月青藏铁路开工建设，预计6年后通车（实际2006年7月1日通车）。青藏铁路的建设，将打破长期以来进出藏运输公路占绝对主导地位的格局，对西藏的综合运输体系产生结构性影响。在这种情况下，进出藏公路通道如何定位，规划建设又应做怎样的调整等一系列战略性问题随之产生。部规划司委托我院开展此项研究工作，就是要回答这些问题，为部制定进出藏公路通道建设的政策提供参考和依据。我听了个懵懵懂懂，大概明白了是个啥任务，心想跟着做就是了。

没想到，接下来的任务让我的脑袋一下子就大了。金敬东同志让我先写个工作大纲，次日下班前给他。那时我参加工作刚满3个月，是个不折不扣的"菜鸟"。在这之前只跟着做了一个四川省内自宜公路上市的咨询项目，写的是最简单的社会经济和交通发展现状、录入OD数据，还有给国家重点公路建设规划项目组打下手，比如做表、算数。工作大纲是什么，我甚至一点数也没有。但头大归头大，大纲还得写。我找老同志要了几个样本，照葫芦画瓢，紧紧张张熬了一个通宵，算是写了个大概。

2001年10月9日

上午又把工作大纲仔仔细细顺了一遍。下午交了任务，金主任看后提了几条修改意见，大纲算是基本过了关。我喘了口气。

2001年10月11日

大纲按金主任的意见修改完毕。今天下午关总、戴总、赵主任给项目组做事先指导，就研究内容、研究重点、技术路线、调研路线等提出了明确意见。这里有个小插曲，我至今记忆犹新。指导会上，金主任提出让我当这个项目的负责人。吓得我连忙摆手拒绝，直言自己还需学习，无法担此重任。一边说着我还一边给戴总使眼色请求支援。戴总看出来我真的不是谦虚，是真的心虚，就开口给我解了围。戴总说，小杨这几个月表现是不错，但毕竟工作时间很短，经验还不足，这个项目部里很重视也有难度，还是小金做负责人比较合适，具体工作可以让小杨多做些。大家一致同意戴总的意见，我长出一口气，一块石头落了地。

2001年10月12—24日

这几天做好出差前的准备工作：查资料，写正式立项申请，给规划司李兴华司长助理汇报以进一步明确研究任务和要求，给相关省区拟发便函，借出差款，订机票，买感冒药、消炎药、拉肚子药，买行李箱。一切准备停当，静待出发。出发前夜，躺在床上，心里满怀期待。我想，就要去西藏了，那是多少人向往的人间净土，是涤荡灵魂的地方啊！

2001年10月25日

早上8:40，我们项目组一行三人正式出发，先飞青海西宁。按照关总的建议，我们乘汽车走青藏公路入藏，然后考察川藏公路，沿途走访交通主管部门、公路和运输管理部门、军交部门，召开座谈会了解情况。全部行程下来大约两周时间。上午11:00飞抵西宁，海拔2200米。

下午2:50，项目组到青海省交通厅计划处、办公室，省公路局计划处座谈，负责接待我们的是李积胜副处长和王海军主任，后来我和这两位领导有过多次接触，成了很好的朋友。座谈会上，金主任介绍了项目背景、座谈目的，地方领导介绍相关情况，中间就是问答互动，不过这些都是金主任和沈工的事，我主要是学习。我听着他俩的发言，特别专业，说起国道109线、214线、318线就好像在谈他们家门口的马路，而且提问也很有针对性，应该提前做了很多功课。青海省交通厅的同事介绍情况和回答问题也很专业，那些数据、情况全在脑子里，用到哪个都是信手拈来。我觉得很尴尬，因为他们说的路线、地名我完全不知道在哪儿，东南西北都没有概念，相关术语我也不全明白。我只好乖乖地竖着耳朵听，把听到的都记到小本子上，想着下来再消化。座谈会后，我及时整理了笔记，直怕时间长了都忘了，好记性不如烂笔头，这招确实好使。

面对这种情况，沈工给我一个建议，让我每出差便抽空去当地新华书店买地图和图书，有奇效。此后，每次到一个新地方出差，我也都会到当地书店转转，买点书籍和地图，这对尽快熟悉当地的经济社会和交通状况很有帮助。这个习惯我保留了好多年，一直到后来网络发展起来。

2001年10月27日

在西宁逗留了2日，收集了资料。早上8:20我们乘车沿国道109线奔格尔木。一路上茫茫戈壁，人烟稀少，经过了青海农区和牧区的天然分界线日月山、茶卡盐湖，下午到达了西部重镇格尔木。因为建设青藏铁路，格尔木一下子涌来了几万铁路建设大军，边陲小城突然变得热闹起来。晚上，金主任召集我和沈工开了个会，总结了这两天座谈和收集资料的情况，安排了次日的工作。后来我在其他项目中当上负责人，也会在出差过程中及时总结和沟通调研成果，安排下一阶段工作，这个经验就是从这学到的。

2001年10月28日

上午10:00和西藏自治区交通厅青藏公路分局座谈。印象最深的就是他们介绍说青藏公路沿线天气恶劣，养护经费不足，路况差。我深以为然，明天乘汽车到拉萨说不定就会遇见困难和麻烦。

为了便于转移，晚上我们搬到了青藏公路分局开的一个招待所。招待所设施十分简单，连一般宾馆酒店都提供的一次性洗漱用品都没有。我悻悻地出去找了个小店买了牙刷牙膏和洗发水，回来还和金主任抱怨了几句。金主任说，咱们搞公路规划的，经常要去一些条件艰苦的地方，不可能都住很好的酒店，这个你要有心理准备。这话我一直记着。此后再出差，我把该带的都会准备好。后来的日子确实住过比这个招待所还差的地方，但我成竹在胸，还会把金主任当年说给我的话搬出来告诉年轻人，这也算是种传承。

2001年10月29日

凌晨4:00，我们三人便坐车向拉萨出发了。驾驶员是李进，一名转业军人，现在给厅领导开车，驾驶技术一流。天还完全黑着，路上只有我们一辆车，我有点兴奋同时也伴着点紧张。渐渐出了城，漆黑的夜色里只有车灯发出略显微弱的光。开着开着，我忽然发现前方路边有一个黑影，圆滚滚像人一样站着。"熊！"我不禁叫了出来。"哪来的熊呀，没有的事。"李进轻描淡写。等车开近了一看，路边矗立的分明是一只废弃的油桶。万幸此时还是黑夜，掩盖住我因尴尬而烧红的脸。

天亮了，响晴薄日，天空蓝得透彻，云彩在头顶上懒洋洋地飘。李进师傅说我们带来了好运气，这种好天气不多见。中午我们在一家路边小店吃了午饭，继续前行，海拔一路攀升。穿过可可西里保护区，经过沱沱河长江源环保纪念碑，青藏交界处的唐古拉山口海拔达到了5231米。山口天气极不稳定，即使夏天公路也经常被大雪所封，冰雹、霜雪更是常见现象，而且含氧量只有海平面的六成。我们在山口下车活动了一会儿，温度很低，山风很容易就穿透了羽绒服。高原反应也明显起来，气喘，胸闷，头疼。当我从昏睡中醒来，我们已经到了藏北羌塘草原。草已接近枯黄，但一望无垠的草场以及点缀其上的牦牛和羊群，还是让第一次看到草原的我感到兴奋。多年以后，藏北草原还经常出现在我梦里。傍晚，我们经过14个半小时的长途跋涉来到了日光城拉萨，太阳斜斜地坠着，整个城市笼罩在日落前的霞光里，一派祥和。一路上海拔不断变化，我的耳朵一直在嗡鸣，晚上几乎难以入睡。即使这样，我也觉得值，一边工作还能有机会一边领略祖国的大好河山。从那时候起，我心底有些喜欢这份工作了。

2001年10月30日

今天在西藏自治区交通厅、运管局座谈和收集资料，程序上和青海那次相仿，对我来说就是继续学习。晚上金敬东同志睡不着，索性召集我和沈工开会，核心意思是时任交通部副部长张春贤提出川藏线要实现长治久安，能否达到，什么时候达到，需要我们的报告提供依据。这样的要求，让我这个菜鸟感觉责任重大。

2001年10月31日

早上6:30出发，今天到日喀则。那时国道318线拉萨到日喀则段大部分路段还是砂石路面，勉强达到三级公路水平。李进师傅开着车竟然打起了瞌睡，吓得我们三个轮流坐到副驾驶座位上盯着，看他困了就叫停车，他就拿个毛巾到路边找冷水弄湿擦把脸。下午和日喀则地区交通局座谈后返回拉萨。还是耳鸣，山路起伏高差造成的，基本过一夜才能好。

2001年11月1日

出差的第二周。今天日程轻松，自拉萨走国道318线到林芝八一镇。一路路况还不错。金主任建议休整一下，明早9:30出发继续沿国道318线向东。林芝是个好地方，海拔低含氧量高，睡了入藏以来第一个好觉。

2001年11月2日

今天向波密出发。翻越色季拉山的时候，山上已经下起了雪，我们几个分别在山口拍照留影。到达鲁朗正是中午，映入眼帘的是高山森林、草场、骏马、木屋、白栅栏，一派瑞士风光，没想到西藏还有这么美的地方。

不过，进入排龙乡后公路就没了路面，土路上水坑遍布，泥泞难行。经过正在整治的102滑坡群后不久，公路都没有了，只能走正在保通的便道。14公里的便道，我们走了足足6个半小时。2000

年，此路段山体滑坡，波斗藏布江等三条江水被堵，致使易贡湖决堤，冲毁了318线大段路堤，只能通过临时便道通行。便道左侧是山体，右侧是上百米的悬崖，悬崖下是雅鲁藏布江。由于山上时有泥石滑下，泥石在道路山体一侧不断堆积，导致道路内高外低，临崖一侧垫了圆木或30~40厘米见方的石块，石块之间没有水泥石灰之类的黏合剂，是干砌的。便道很窄，最窄处也就2米多宽，刚刚够越野车通过。我们的车就在这个斜面上以蜗牛的速度缓慢爬行。我坐在车的后排右侧，不经意看向车窗外，发现都看不到路，车的小半个车轮已经悬空，车轮下的石块还在晃动。天哪！我的冷汗一下子就冒出来了。过了这段路，我贴身穿的背心已经湿透了。

走走停停，车动不了的时候我们就下车步行。我探着身子向江里望，还能看见江面上露着很多辆卡车的车头，那都是2000年易贡湖决堤时冲到江里的。晚上9：00终于到了通麦镇，我已经饿得前心贴后背了。我们叫开了一家已经打烊了的小店，请老板娘给我们煮了一大脸盆的盐水挂面，就着大蒜，觉得格外好吃。晚上11：00多，我们终于到达波密县住下。

2001年11月4日

关总来电，严令我们掉头回拉萨，不许再继续往东。返程路上，我们详细考察了102滑坡群。我的工作日记上还详细记下了用来整治滑坡的锚杆式挡墙、锚锁、锚杆的技术指标。

2001年11月5日

补充收集资料。去了西藏自治区交通厅、西藏交通科研所，还有新华书店。圆满完成各项任务后，中午1：30飞成都，下午5：40落地。下了高原，神清气爽。

2001年11月6日

上午到四川省公路局座谈，了解国道318线、317线交通量和路况。下午到四川省公路运输管理局，了解入藏公路通道客货运输情况。

2001年11月7日

赴原成都军区后勤部运输部交通战备办公室，了解军方需求和意见。下午4：25返京。历时14天的外业调研结束了。一路上，我们汽车行程近4000公里，走访了13个部门。

2001年11月12日

开始整理资料，计算，编写报告。

2001年11月22日

给关总汇报调研情况及报告编写框架、思路。关总提出了许多具体要求，明确12月15日提交报告初稿。

2001年11月27日

向戴总汇报工作进展。戴总提出做有无对比、不同改建方法效果比较等建议。

2001年12月12日

经过1个月的努力，完成了报告初稿，提交金主任审阅。这1个月基本晚上11：00前没离开过办公室，我觉得整个人像被扒掉一层皮。在各级主管领导手把手的指导下，我一个人连写带算完成了

3.8万字的研究报告和简本。

2001年12月27日

按金主任意见，统改全文，编写报告简本。

2002年1月15日

杨文银副院长召集项目组全体成员讨论报告。会上，杨院长对研究性质、研究目标、报告需要回答的具体问题、研究方法、指导思想和原则、结论等提出了很多具体意见和建议。杨院长的这次指导为最终报告的形成奠定了坚实基础。也是在此次会上，杨院长把报告题目确定为《进出藏公路通道战略问题研究》。

2002年2月5日

上午将第三稿交杨院长审定。下午，按杨院长意见改完并定稿。当我把报告终稿交付出版后，顿觉一身轻松，所有的劳累和委屈一扫而光。

18年转瞬即逝。《进出藏公路通道战略问题研究》这个项目报告是我执笔完成的第一个项目报告，很多情景至今记忆犹新，那段日子深深印在了我的记忆里。通过这个项目，我切切实实感受到了规划院开放民主的研究氛围、求真务实的工作态度。作为一个初入职的年轻人，我在这个项目里得到了全方位的锻炼，前辈们热心诚挚的传帮带让我收获良多、受益匪浅。如今，我也走上了领导岗位，我会像我的前辈们一样，不忘初心，牢记使命，把规划院的优良作风传承下去，和我的同事们一起努力，为规划院再创辉煌，为交通强国建设做出我们应有的贡献。

6

杨文银:"老西藏精神"永远激励我

刘布阳

三年,不算短,也不算长,能有多少个三年会在一个人的一生中留下不可磨灭的记忆?在西藏工作生活的三年,就是深刻影响我人生的三年。援藏,是增长领导才干、积累实践经验、加快政治成熟的好课堂,是磨炼意志、锤炼作风的大熔炉,是净化心灵、升华品质的大操场。援藏工作的三年,令我收获了受益一生的宝贵财富。

——杨文银

时任部长黄镇东(左四)为交通部第二批援藏干部送行时合影(右一为冯正霖,曾任第一批援藏干部队队长;左五为杨文银,时任第二批援藏干部队队长)

"在雪域高原工作生活的三年经历深刻地改造了我,让我真正地成长起来,也让我深切地感悟到什么是'艰难困苦、玉汝于成'。"回忆起镌刻在生命中的援藏生涯,如今年过半百的杨文银依然心潮起伏。

援藏不是做官,而是做事

1998年,36岁的杨文银时任交通部规划研究院副院长。这一年,他和其他5名技术干部成为交通部派往西藏工作的第二批援藏干部。交通专业科班出身,丰富的行业实践积淀,年轻有为、年富力强,正是去西藏工作的最佳人选。

接到任务前,杨文银从未去过西藏。得知将去西藏工作三年,心中既有期盼,也有几分忐忑。被任命为西藏自治区交通厅副厅长,分管公路规划、建设、养护等重要工作,他期盼自己可以充分发挥专业特长,为西藏交通发展做些实实在在的工作;忐忑则是听说西藏条件艰苦、交通基础发展滞后,对自己肩上的担子到底有多重心里没底。

出发前,时任交通部部长黄镇东亲自为杨文银等6名援藏干部送行。他清楚地记得黄部长细致入微地分析了援藏任务的重要性,提出了工作和生活要求,鼓励他们尽快融入当地环境,发挥专长开展工作。第一批援藏干部冯正霖跟他们分享了援藏经验。部领导的勉励和前辈的成功经验坚定了杨文银到西藏做好工作的信心。

1998年10月,杨文银正式到西藏履任,开始了三年的援藏生涯。初到西藏,伴随高原反应扑面而来的工作压力和困难却是无法预料的,之前再充分的准备似乎都不够。

那一年,西藏全区公路里程仅有2万多公里,而且整个路网技术状况差,平均公路等级还不到四级,二三级公路仅有几百公里,没有一条高等级公路。

不仅如此,国、省道大多为砂石路,公路的通行能力很差,除青藏公路外,其他干线公路多种病害严重,频繁阻断交通,无法保障全年通车。农牧区道路建设更是滞后,全区超过三分之一的村没有公路。

1998年,恰逢全国加快公路基础设施建设,而西藏交通欠账之多超乎想象,西藏与内地经济发展的差距之大可谓天壤之别,全区公路建设、养护、管理工作异常繁重。杨文银心头沉甸甸的,此时他才真正地领会了交通部派出专业技术背景的干部援藏用意之深、任务之重。

为了尽快适应环境,进入角色,杨文银坚持不用药物和吸氧对抗初到西藏时的高原反应,强忍头痛、胸闷、食欲差、倦怠、眩晕、心率快等各种不适,让身体通过自然调节,进入"缺氧运行"状态。

不仅缺氧,高原气候与内地差别很大,即使六七月份,昼夜温差也很大。杨文银白天冒着烈日与当地干部一起四处调研,晒

青藏线上的"天下第一道班"

得脱了一层又一层皮，晚上窝在宿舍里裹着被子阅读各种资料，度过一个又一个不眠之夜。

半年后，杨文银被烈日风霜磨砺成了"老西藏"，皮肤黝黑的他偶尔到拉萨集市上，会有藏族群众用藏语跟他打招呼，为此他很开心。

经过马不停蹄的深入调研，西藏全区公路勘察设计、建设、养护管理的现状，发展中存在的问题及产生问题的根源已了然于胸，杨文银开始思考下一步工作的重心。

"援藏不是做官，而是做事，我们要做的事太多了。缺氧，不缺精神，艰苦，不降工作标准。"杨文银说，责任感和使命感成为他克服一切困难，高标准、严要求开展工作的强大动力。

西藏自治区交通厅的"大秘书"

从几张发黄的照片上看，援藏时期的杨文银十分瘦弱，一副书生模样，但他在西藏的三年中，不仅没有回北京休过一次长假，还放弃了许多双休日，超高强度的工作没有压垮他。

"一直特别忙，三年时间太短，事情似乎永远也做不完，不全副身心投入是不行的，所以不能也不愿意休假。"杨文银说。

他以扎实深厚的专业功底、吃苦耐劳的工作精神和流畅的文笔很快赢得了西藏自治区交通厅同事的肯定和信赖。因为经常亲自写调研报告、起草文件、整理材料，出手质量又很高，同事们就戏称他为交通厅的"大秘书"。

"大秘书"三年的文稿摞起来有半人多高,杨文银说,这些材料大多是一个人守在宿舍里在一盏孤灯陪伴下写出来的。那时西藏还没有上网的条件,业余生活也非常单调,加上缺氧因素,长夜漫漫,常有辗转难眠时,索性以加班排遣孤独。

在深入调研的基础上,杨文银自1999年起,着力推进西藏公路建设建章立制工作。除正常公路的计划、组织、指挥和控制,他还结合"公路质量年"活动的开展,负责起草了《西藏自治区交通厅关于加强公路建设质量工作的决定》,参与公路质量大检查并负责起草了检查报告,修改审定了《重点公路工程施工奖惩办法》《重点公路工程质量问题举报及奖励办法》《重点公路工

杨文银(左二)参加西藏林芝公路分局会议

程监理奖惩办法》等。

杨文银还督促建立了工程计量支付会审会签制度，支持建立和使用工程结算单，研究建设市场准入问题，牵头研究组建了重点建设项目管理中心，建立起公路工程招投标制，有力促进了西藏公路建设的规范化、科学化、精细化。

他还充分发挥个人专长，开展了交通发展战略研究和系列规划工作。他主持了西藏公路建设2000年至2010年的规划，亲自制订大纲，对初稿进行全面修订和完善，利用休假时间完成审定，使这份西藏公路发展蓝图具备较高的水平。

他负责研究和起草了《西藏自治区"十五"公路发展计划和长远规划基本思路》，四易其稿，使规划达到发展思路清晰、建设方案和重点明确、措施和建议有力，为西藏交通大发展争取到了主动。

为抓住国家西部大开发战略的有利机遇，他及时主持开展了《西藏自治区西部大开发公路发展纲要》及其四个专题规划的研究、编制工作，都是亲自动手起草工作大纲。

他牵头建立的这些制度和规划，在此后的几年中有效地引导和保障了西藏交通运输的健康发展。不仅如此，在建章立制和完善规划的过程中，杨文银还有意带领西藏干部一起到基层调研，为西藏交通厅收集了大量宝贵的基础数据和资料，也为当地培养了一批规划人才。

难忘易贡抢险

在西藏工作,尤其是交通人,要具备超强的体力和精力,但还不够,还要随时经受自然灾害、突发事件,甚至是生死考验。

西藏的公路,不仅建设养护难度大,加上气候恶劣、地质复杂等特殊原因,病害层出不穷,川藏公路等许多公路都被称为"地质灾害博物馆"。气候、灾害、病害等造成公路坍塌、阻断时有发生,抢险保通救灾成为交通部门的重要工作内容。

杨文银参与过的一些抢险保通工作也成为他援藏生涯最难忘的经历。

2000年4月9日,西藏波密县易贡乡发生世界罕见的巨型山体崩滑,堆积体直接将易贡藏布江拦腰截断,致使上游易贡湖水位急剧上涨,蓄水近30亿立方米。如不及时采取措施,蓄水量将达到50亿立方米。

"高位蓄水的巨大能量一旦突破堰塞体,暴泄的湖水必将严重威胁湖区人民生命财产的安全,后果不堪设想。"杨文银回忆当时,感觉灾情还历历在目。

灾害发生后,西藏自治区迅速成立了易贡抢险救灾总指挥部,时任自治区党委副书记、政府常务副主席杨传堂担任总指挥,赶赴现场开展抢险救灾工作。在此期间,总指挥部成立了几个工作组,其中公路保通抢修小组由杨文银担任组长。

杨文银深知任务重大,亲自带领抢修保通队日夜驻扎现场,

2000年，杨文银（左五）在公路抢修保通任务现场

确保在开挖泄水渠过程中的公路通行，并迅速制订了应急抢修预案，以便对泄水过程中冲毁的公路及时抢修、恢复交通。

正当杨文银他们忙于易贡抢险救灾的公路抢修保通任务时，6月11日，易贡湖下游约20公里处，位于国道318线上的原本就属危桥的通麦大桥垮塌，约10公里的路基冲毁，致使318线中断交通。

这座大桥的垮塌令易贡抢险救灾"雪上加霜"。总指挥部决定，在最短时间内修复路基，修建一座通麦临时保通桥梁，确保当年底前恢复交通。

险情急、任务重、时间急，杨文银立即召集有关专家研究任务、布置工作，加班加点以最短的时间拿出了临时保通桥的设计方案，落实了建设单位，迅速投入施工。

整个夏季，杨文银都扎在工地上进行现场指导。临时保通桥位于"世界第二大泥石流群"的"通麦天险"处，这里被称为"死亡路段"，平常车从这里通过驾驶员都会感到胆寒，不敢停留。架设工作可谓是冒死进行，惊险的场景曾生动地记录在本报总编辑李咏梅当年作为特派记者所采写的新闻稿件中：

"悬岩下，几块木头燃烧的炭火明明灭灭，刚打完炮眼的民工站在那里，烤着被雨水和汗水湿透的衣服。淅淅沥沥的雨中，几十位工人有的用杠抬，有的就自己背，把块石垒放在崖边，其艰险困苦，令人心颤。

峭壁中间，一人宽左右的小路时隐时现，它可通往通麦大桥抢险点……渐渐地，万仞峭壁的半腰中，只能看见几个黄色的安全帽在移动。

离开工地后，我们乘车返回，将近17时，一处新发生的山体塌方把路死死封住，我们决定翻越滑坡徒步走。爬过塌方，与那边的藏族驾驶员边巴挥别，走出大约100米，身后轰然而响，回头看塌方处，几块一米见方的石头滚落下来，带起阵阵烟尘。"

在各方面的协作和努力下，堰塞的易贡湖水安全下泄，滑坡险情如期排除。通麦临时保通桥也于当年12月14日建成，国道318线提前恢复了通车。

这座悬索桥本是一座临时性工程，但完工后一直使用了12年才废掉，说明这座保通桥的设计、施工质量是相当过硬的。为此，杨文银至今感到很自豪。

回忆起当年的抢险工作，杨文银说："当时我每天都很疲惫，但收获特别大。能有机会在应急抢险一线真刀真枪地干过，尤其通过参与抢险方案的制订，陪自治区领导到一线检查指导工作，增长了应对紧急突发事件的决策能力和处置经验。真正是'纸上得来终觉浅，绝知此事要躬身'。"

那一年，杨文银的大部分时间都是在工地和指挥部度过的，其间妻子带着儿子利用暑假到西藏来探亲，但他仅仅把娘俩从机场接到招待所，便忙工作去了，直到母子俩假期结束，都没见过他几面，他压根就没顾上陪他们走走看看。

对困在招待所度完探亲假的妻儿，他本就有些愧疚，没想到在送娘俩去机场的路上，车子还突遇险情滑入边沟，又让他们受到了惊吓，这令杨文银心中的内疚至今未能平息。

夜宿天下第一高道班

援藏三年，杨文银多次行走在川藏公路、青藏公路上，心灵受到了深刻的洗礼，深深地体会到这两条公路之所以被西藏各族人民颂为"彩虹"、誉为"金桥"，确实是因为它们结束了西藏"唐蕃古道人背畜驮，栈道溜索独木舟"的原始通行方式。而两路的建成乃至保通保畅，又凝聚着几代交通人的心血和智慧。

杨文银清楚地记得，有一次到日喀则各县调研交通建设情况:"那一路上的行、吃、住,是我这一辈子遇到过的最艰辛的一次出行经历,特别是翻越马拉山到吉隆县,记忆最深刻。"

马拉山是喜马拉雅山支脉——佩枯岗日山脉,主峰海拔6000多米,年平均气温零下5摄氏度左右,最低气温零下40摄氏度,每年冰冻期长达四五个月。即便在短短的夏季,气候也是变化无常,经常是山下下雨、山上下雪,狂风、冰雹和浓雾时有出现。

翻越马拉山的路是一条简易砂土路,有九十九道回头弯,路边深渊沟壑令人胆战心惊。马拉山垭口海拔5380米,据说这是世界上最高的通机动车的地点。上到这里,杨文银胸闷头疼,高原反应严重。

这个道班的工人全都是藏族,他们养护的路段,一到冬季就被大雪封山,而且一封就是大半年,要靠人工挖雪才能勉强通行,后来配备了推雪机,夏季不期而遇的泥石流又经常会冲毁道路。在平均海拔超过5000米又灾害不断的公路上从事体力劳动的艰难无法想象。

杨文银永远也忘不了在这个道班度过的一晚,他和道班的藏族工人一起喝酥油茶,吃糌粑、风干肉、羊血肠,没有一叶蔬菜。七八个人睡在大通铺炕上,盖的是大皮袄,屋里烧着牛粪炉,烟气浓烈。

他失眠了,不仅因为高原反应,主要是心灵的震撼令他久久不能平静:"这些道班工人,淳朴憨厚,毅力惊人,吃苦耐劳,与恶劣的环境抗争,与艰辛的生活抗争,用生命和血泪保障了公路的畅通,他们真正是中国工人的脊梁!"

三年来,杨文银的足迹遍及西藏全区。他行走在平均海拔4000米以上的高原苦寒之地,感受着血肉之躯筑起的川藏公路和青藏公路带给西藏的巨大变化。"走上这两条被誉为民族'团结线'、经济'生命线'、社会'文明线'和国防'安全线'的公路,我为自己是交通人而感到自豪。"

杨文银三年援藏,曾四次遇险,但他说,只有亲自走过这两条进藏公路并遭遇过险情,才能真切地感受到当年筑路大军施工时的艰苦卓绝,也才会为青藏公路、川藏公路建设者付出青春、血汗甚至生命的故事所动容。

行走过川藏公路和青藏公路,与两路建设、养护者零距离交流过,杨文银才真正地理解了"老西藏精神"所说的"特别能吃苦、特别能忍耐、特别能战斗、特别能团结、特别能奉献"的内涵之所在。

难忘那句"扎西德勒"

三年相知,一生难忘。13年后的今天,杨文银已经是交通运输部公路科学研究院的党委书记,但他始终惦记着西藏交通运输发展,始终对当年赴藏一起工作的同事和西藏交通系统的朋友念念不忘。

念念不忘,必有回响,逢年过节发短信或人在异乡喜相逢,杨文银每看到或听到那句"扎西德勒"的问候，都会感到心头又照进一缕来自雪域高原明媚的阳光，充满了暖意。

"相知者，不以万里为远"，杨文银说，西藏已成为他的第二故乡，援藏三年工作结束至今十多年过去了，他仍习惯性地关注着西藏的交通发展进度和最新动态，格外留意有关西藏的任何新闻，去西藏出差的机会他也总是会争取一下，那份凝结在血液中的"西藏情绪"会伴随他的一生。

"雪域高原的青山绿水、蓝天白云净化了我的灵魂。"杨文银感谢西藏的艰苦环境令他刚强了骨骼、磨炼了意志、锤炼了身心，学会了用积极乐观的态度、饱满的热情、昂扬的斗志去对待事业和人生。

杨文银动情地说："三年援藏，令我成长，在我后来的人生道路上，我始终感到没有什么战胜不了的困难，因为，'老西藏精神'一直并将永远激励我。"

《中国交通报》记者刘布阳　执笔

原载于2014年7月24日《中国交通报》

附：

水调歌头·川青藏路通车60周年感怀
杨文银

禁地灭人迹，屋脊雪连天。

伟人宏业豪迈，将士志更坚。

鬼斧神工横断❶，勇破通天❷阻远，饥饿战严寒。

五载始逢泪，觞奠祭三千。

鬼神泣，寰宇叹，换人间。

藏奴解放，弹指挥手越千年。

天路联通民众，六十春秋迎送，万里共婵娟。

"两路"精神在，何惧蜀途难！

原载于2014年7月24日《中国交通报》

---

❶ "横断"指川藏线穿过的横断山脉。

❷ "通天"指青藏线跨越的通天河。

7

沈永木：奋斗的记忆，永远的征程
黄兴华、李佳儒

沈永木同志，现任办公室主任，是职能部门工作时间最长、工作经历最丰富的老同志之一。从参加工作开始，他曾做过软件编程、桥梁设计、公路规划、工程咨询等交通行业相关的技术工作，也有过艰苦地区挂职锻炼的经历，又在职能部门管理岗位勤勤恳恳工作近十年。他的身上全方位体现了一个老规划院人的质朴纯真。

采访当日，访谈过程并不顺利。访谈开始即被突如其来的手机铃声打断，中途也有人敲门来到会议室与沈主任进行简短的工作商议，都是一些需要立即处理的事情，让人感受到办公室的工作之繁杂。临近下班，主任才能安心坐下来，与机关团支部的几个青年分享他的规划院往事。

情系行业，投身交通

1991年从大学毕业的沈主任，带着满腔热情来到了工作岗位，来到了规划院前身之一，公路规划设计院，在电算中心工作，参与到桥梁设计计算、程序代码编写工作。在那个计算机还不是特别普及的年代，把交通行业的桥梁设计工作与计算机的编程运算结合起来，在行业里可谓是相当超前的一件事情。在电算中心的那些日子里，他参与开发了多个桥梁设计相关软件，并且成功运用到很多重要的桥梁设计项目中。大学本科学习公路与城市道路专业的他，在毕业论文设计中，曾就地道桥设计方面自主设计编程，这份工作对他来说简直就是如鱼得水。

工作不仅仅是编程，作为一个交通人，勘测现场、测量数据、编制方案设计是少不了的。工作不久，沈主任就被派到了四川，参与川藏线核桃坪至竹巴龙一阶段施工图设计中，并跟着当时的前辈们开展野外调研、现场测设等工作。据他回忆，当时条件十分艰苦，海拔2500米以上，山坡陡峭、地质复杂，为了数据测量的准确性、保障设计的合理性，团队很多同事每日都要徒步十余公里进行测绘。从"川藏线"项目回来，沈主任又参与了河北京深高速公路及石太高速公路石家庄段、广东河源至惠州高速公路、天水二级专用公路等多个项目的勘测设计。尤其是在"弯坡斜拱桥"计算设计中，取得了历史性的突破，填补了当时单位里的一个技术空白。对沈主任来说，生活就是踏踏实实地扛着仪器，认认真真地测量数据，兢兢业业地编写代码。转眼十余年，他很快就从一个刚迈出校门的小伙子，变成了部门里的业务骨干。

奋起拼搏，挥汗藏区

2006年，领导找沈主任谈话，告诉他技术援藏的必要性和藏区对人才的迫切需求，希望他能投身到援藏的队伍中。沈主任没有思考，立即答应了。当时他也没有想太多，只觉得这是国家需要，这是组织给予自己的机会，能够锻炼自己，能将自己学到的技术知识发挥到藏区，值得。援藏工作的三年中，每年有一半左右的时间都要泡在工地上。从拉萨到西藏的偏远地区，每天都要跑六七百公里，赶路时间超过12小时，高原缺氧晚上睡不着几乎是家常便饭，时常都是靠白天在车上打个盹恢复体力。

回忆藏区工作时，沈主任不禁感慨，西藏交通还需要全国交通人的大力支持。由于当地技术力量较弱，技术人员短缺，工程资金预算紧张，地质环境复杂，施工期短，工作非常难开展。没有办法，只有坚持，既然来到了这个岗位，就要坚守在工作的前线，用自己的专业技术知识和对事业的热情，完成好一项项的任务。

这次援藏，沈主任既为西藏交通的发展献智献力，也让自己得到了锻炼。但他心中总还是有个小遗憾。在援藏的这三年里，沈主任与家人相处的时光屈指可数，出发时儿子只有四岁，援藏这段时间确实是愧对家人，没能在儿子最关键的成长期给他应有的陪伴。

中流砥柱，转向管理

2010年结束了三年的援藏生活，在回京后的第三天，他就回到了工作岗位，这一次他做了一个角色的转变，从业务部门转入了计划科研处。

谈到初入职能部门的感受时，沈主任不禁一笑，说到只记得自己刚开始为尽快适应角色转换，在上班的第一周，工作时不自觉地就睡着了。后来我们才了解到，原来这种现象叫"醉氧"。由于从藏区回来以后，放弃了三个月的身体调整，直接投入到了新的工作岗位，身体状态还未调整过来，这是高原反应的后遗症。

后来，沈主任又和我们分享了许多当年在计划科研处时的往事，尤其是年底产值核算，经常为了尽快拿出核算方案，晚上睡在办公室，白天盯着电脑，一坐就是七八个小时不动，那个时候落下了严重的颈椎病。他很感谢当年同处室同事们的相互支持。当年的计划科研处，人员配备不齐，但是工作量很大，处里要负责基建、科研、对外交流、合同管理、协会学会等很多工作，没有同事们的鼎力支持，很难应付。

忠诚无私，织梦未来

2017年，沈主任又开启了新的工作模式。他将办公室的日常工作形容成纽带，因为它不仅要统筹协调，还要承上启下，督查各部门工作的落实。办公室工作繁杂、琐碎、临时性工作既要时效性又需要高质量，唯有细心、仔细、勤快，投入更多的时间精力才能做好。一路走来，工作身份的多次转换，被问到如何调整的时候，他坦然地回答道，很简单，就是多反省自己的问题，抱着良好的心态，勤勤恳恳为规划院奉献，尤其是作为部门领导，更应该勇于担当，甘于奉献。

关于工作中遇到过的困难，他也有过彷徨与无助，尽管很努力，也曾留下过遗憾，但是他坚信规划院的未来一定会更好。他迫切希望规划院能踏踏实实地走好科研的道路，进一步提升核心竞争力，迈开步伐，走向国际舞台。

2020年奋斗在防疫工作一线的沈永木

在沈主任的这些记忆里，没有太多的波澜，但是平凡的记忆中又充斥着对规划院的坚定信念，他有着敬业乐群、忠于职守的美德，靠着豪迈的激情和顽强拼搏的精神，默默地为规划院站好每一班岗。奋斗的记忆，永远的征程，他一直在路上，从未停歇。

（注：2020年4月，沈永木已调任中路港公司董事长兼总经理。）

8

与规划院同行的这些年

邵洁

规划院自1998年成立至今已经走过了21个春秋，我也在规划院工作了十多个年头。回想起来，仿佛自己第一天上班来规划院报到的情形就在昨天，依稀记得自己第一次参加外业调研的忐忑、第一次担任项目负责人的兴奋，第一次拿工资的喜悦……在这里学习进步，在这里锻炼成长。与规划院同行的这些年，我在这里收获过荣誉、挥洒过汗水、分享过快乐，也体味过失落、经历过彷徨，有历久弥坚的深厚感情，有太多挥之不去的难忘经历。

与规划院同行的这些年，我学到了一种专业精神。专注负责是规划院人的特点。无论是为部服务，承担交通运输部的指令性任务，还是服务行业，承担地方交通部门的合同性项目，大家都会抱着极大的工作热情，专注地完成每一项工作任务。严谨求实是规划院人始终坚持的工作态度。无论是一份报告、一次调研，还是一个数据、一张图纸，参与的任务和交出的成果都容不得半点敷衍和马虎。敬业奉献是规划院人的优良传统。无论是面对冰冻雨雪灾害、地震灾后重建等重大突发事件的临时性任务,还是京津冀、"一带一路"等服务国家战略、倡议的重大行业规划和科研任务,他们总是勇挑重担、迎难而上,履行着规划院人的初心使命,展示着规划院人的精神风貌。

与规划院同行的这些年,我结识了一群朋友。他们是朝夕相处的同事,也是志同道合的挚友。在工作中,我们团结协作,一起迎接一次次工作挑战,一起探讨行业发展热点难点,或许会因为某

2005年公路所四川活动

个学术观点不同而争得面红耳赤，但并不影响彼此的友谊；工作之余，我们互帮互爱，一起分享生活的点滴，分享为人父母的喜悦，分享人生的感悟。规划院让我们有缘走在一起，每天八小时"低头不见抬头见"的相处让彼此间建立了浓浓的情谊。

与规划院同行的这些年，让我有机会与行业大咖们并肩作战。他们有的是工作多年的老前辈，是经验丰富的老专家，他们"传、帮、带"的时候倾囊相授、极具耐心，跟着他们学习工作让我信心满满、倍感踏实。老前辈们传承的不仅是工作上的方法和技能，更有一种对工作的热爱与责任。他们有的是能力突出的青年英才，有的是业务精湛的技术骨干，他们工作起来火力全开、全情投入，面对交通运输行业发展的热点难点，面对层出不穷的新技术新业态新模式，他们充满了干事创业的激情。与他们一起工作，让我开拓视野、脑洞大开。

与规划院同行的这些年，我的每一步都走得踏实、坚定。走着走着，我从青涩走向成熟，从一名职场新人蜕变为大家庭中的中坚力量。纵使韶华易逝，但流年不负。规划院给予我的不仅仅是一份职业、一个岗位，更多的是一个学习成长的平台、一个施展才能的舞台，一扇学新知新的窗户，让我有机会承载着交通规划人的初心和使命，去感受、参与和见证交通运输行业日新月异的变化，为加快建设交通强国贡献自己的力量。

9

做绿色交通的护航员

韩兆兴

2011年7月的北京,天气比今年还要稍热一些。研究生刚毕业的我来到规划院环境资源所报到,进入人生新的阶段。兴奋之余也感到迷茫和焦虑,既有对未来工作、生活的期待,也有一种对不可预知事务的担忧。一晃8个年头过去了,从当时稚气少年变成了年轻大叔,从新人变成了工作上的"老人",从画图男、PPT制作男变成业务骨干,很多事情回忆起来还历历在目、记忆犹新。

一份艰巨的任务

入院的头一个任务是协助编制《公路水运环境保护"十二五"发展规划实施方案》,向全国32个省、自治区、直辖市和新疆生产建设兵团交通运输管理部门征集环境保护试点项目。由于项目数量太多、各地情况差异较大,当时在司里主管行业环境保护工作的张小文副巡视员带领环保处和我们，组织对全国省厅上报项目进行了面对面交流，一个一个项目地讨论立项依据和示范特点，沟通会连开了三整天。

会后，所领导带领我们又进行了系统整理，大概每个月会出一套实施方案，报送到部里后进行讨论、修改，争论时常很是激烈，历时半年最终确定了全国近70个环保试点项目，覆盖交通运输环境监测网络建设、重大交通基础设施生态修复、高速公路服务区清洁能源利用和水资源循环利用等多个领域，很多项目至今仍在理念、技术和效果上具有明显示范效应，也为后续全面推进绿色交通建设奠定了基础。

2013年哈尔滨港规划环评调研

编制环保试点项目实施方案是我工作以来参与的第一个为部服务工作。我发现，规划院承担了很多交通运输行业的基础性、战略性和前瞻性研究，协助部里与全国各省进行业务对接、交流和指导，工作任务往往十分艰巨、重要和紧迫。

"站位和眼界要高，为部服务要从行业的角度甚至是国家的角度开展工作"既是规划院工作的需要,也是时任环境所分管院领导张小文总工的经常性提醒。

后来,我们将为部服务的范畴扩展到政研室、运输司、科技司、公路局、水运局、海事局、搜救中心,甚至到生态环境部,力求全面支撑和服务交通运输的绿色发展。大到行业节能环保"十三五"发展规划、交通绿色发展相关指导意见等行业绿色交通顶层设计文件的起草,小到征求意见的回复、项目统计、文件整理等等。我们认真对待每一项任务,细致反复地核实每一个给部里报送的数据,斟酌文字表达,力求准确凝练,慎重地提出一个个政策建议。为部服务影响面大、涉及深远,无论大小工作都要做好,不容有失。这既是规划院对部、对行业的责任,也是规划院的使命。

技术上的不懈追求

工作到第二个年头,我承担了长江海事局重庆船舶溢油应急设备库完善工程的工可编制工作。重庆库与以往设备库工程不同,涉及房建工程、斜坡道水工工程、浮式应急趸船和溢油应急设备,需要大量的协调工作,还需要对于土建、水工、船舶等专业知识较为精通。这些工作要求落在工作时间尚不算长的我身上,压力倒似山一样巨大。当时的主任工程师程金香,给予我很大的帮助,带我与长江海事局、重庆海事局及相关合作单位协调工作，指导我完善报告编制，并且不断鼓励我。时任院副总郑学文也给我提了很多建议，还帮我协调各方。

在项目讨论过程中，长江海事局的领导跟我说，小韩你不用压力太大，我们相信你们规划院可以做好这个项目，尽管这个项目很复杂，需要很多协调的工作，部分领导意见又不统一，但我们认为你们能够协调好大家，完成这个项目。后来，在另一个溢油设备库工程咨询审查过程中，审查专家也说你们院做的这类项目是质量最高的。

在承担各类项目过程中，我逐渐认识到规划院在行业内素以报告质量高为口碑。专注于业务技术，工作精益求精是规划院的

2016年调研船舶含油污水等污染物

传承。秉承着这种专业精神和责任态度，我们把港口规划环境影响评价项目做成了精品项目，得到了生态环境部门的高度认可，不断提高市场占有率的同时，也逐步参与到规划环境影响评价制度体系设计完善和环境影响评价法的修订之中。此外，我们成为交通运输行业唯一参与"总理基金"的单位，针对船舶和机动车大气污染防治，从排放清单、环境影响、防治技术、监管政策、系统平台等方面提出了系统化解决措施，现在移动源污染排放的防控工作正在按照我们设计的路径稳步实施。我们还是交通运输行业唯一加入国家长江生态环境保护修复联合研究中心的单位，在长江经济带港口船舶污染防治、交通绿色发展等方面发挥了重要作用。

不断提高、精进业务水平，是我们永恒的追求，也是我们服务行业、做好咨询工作的一个内在需要。

保持奋进的本色

我工作的这8年多时间，也是环境所快速成长的8年。所以上面很多内容，在我的表述中，很难区分"我"与"我们"。很多任务都是大家一起完成的，很多成绩也是我们共同创造的。

刚来那几年，环境所刚刚起步，底子薄，项目数量也不多，徐洪磊所长经常说我们现在是创业初期，大家要艰苦朴素，我们要努力奋斗。记得当时写《"十三五"节能环保规划》，部里要求在初稿基础上尽快形成较为完善的稿子供司里讨论，徐所带领我们几个人到党校封闭，我们每个人分写几个部分，通宵达旦，直到清晨汇总好稿子，在最短的时间内拿出高质量文本，得到了司里的认可。

后来张总分管我们，带着我们出去跑市场，帮助我们打开局面，跟我们讨论项目、提升技术。很多次技术讨论过程中，他都带领项目组逐字逐句研究讨论到深夜。

所内女同事出差加班从无怨言，怀孕期间依然坚守岗位，因无法出差还经常主动承担任务，为此我们获得了"巾帼文明岗"称号。有的同事家人做手术，一边陪护一边在病床旁写报告，怕耽误项目进度。有的同事连续封闭赶项目，甚至影响到身体健康，也依然坚持完成工作。有的同事家人生病，依然坚持出差，为集体舍小家。有的同事孩子在学校意外晕倒，赶到学校处理情况后，又匆匆回到单位继续工作。很多同事经常加班，十一二点还在微信群里热烈讨论。有的同事……

艰苦奋斗、能打硬仗是环境所的标签，是我们这些年来快速发展所积累的经验，也是我们坚守初心的需要。

承担起新的使命

在规划院环境所工作的几年中，在一件件具体事情上和项目里，慢慢地体会到规划院的初心使命。那种对交通运输行业发展的责任感，对建设绿色交通的使命感，对技术进步和创新的"工匠精神"追求，使我们逐步摒弃了浮躁和焦虑，沉心事业。

2017年，党的十九大报告提出建设交通强国，加快生态文明体制改革，推进绿色发展。2019年，中共中央、国务院印发《交通强国建设纲要》，要求不断提高交通运输绿色发展水平。绿色交通建设也随之进入快车道，交通运输行业污染防治、节能降碳、生态保护等领域的工作任务十分艰巨也大有可为。我们必将继续保持和发扬能打硬仗的工作作风，更好、更快地融入时代变革中，更多地投入到建设交通强国、美丽中国事业中，完成历史赋予我们这代人的使命。

伍

满 园 春 色

man
yuan
chun
se

1 规蜜

刘长俭

在你和我之间
你是港湾,是帆
是锚链扎实的两端
你是海员,是舵
是驶向丝路的航船

在你和我之间
你是石桥,是流水
是开满菜花的田园
你是夏蝉,是月
是儿时母亲的呼喊

在你和我之间
你是前炒面,是国子监
是领我启航的通联

雍梅（左一）、苏瑞华（左二）、王晓雯（右二）、李桂兰（右一）合影（图片由雍梅提供）

你是曙光，是时间
是现代智库的中坚

在你和我之间
你是鼠标，是笔
是规划中国的键盘
你是子牙，是诸葛孔明
是强国建设的高参

在你和我之间
你是先锋，是堡垒
是青年之家的温暖
你是初心，是使命
是开启新时代的新篇

（注：本文根据北岛的现代诗《一束》改编）

2

十年一剑，吹尽狂沙始到金——致我们的足球青春

汪忠、王洧、张晓光

每个足球人心中都有一个冠军梦。

2015年夏天，当场上队长7号宋彬森将最后的点球稳稳射入球网后，那个张开双臂迎接狂奔而来队友的瞬间，形成了永久的定格。

辉煌一刻

站在规划院足球的巅峰时刻,徐徐展开时光卷轴。从2007年到2017年,十年的时光可以改变很多人和很多事,但有些东西是改变不了的。当过往的流金岁月在记忆中慢慢掀起波澜,我们不会忘记足球曾经带给我们的激情、欢乐、感动,以及荣光。

那是我们规划院文化的重要一部分。

阳光、热血、团结、坚韧,一直是我们的标签。

2007年·启航

2007年那支球队的一半成员,如今已是行业翘楚、规划院砥柱;另一半成员,是部规划司的业务骨干和行业其他单位的杰出精英。

那时候的他们,还都有着一头乌黑亮丽的秀发。队服和"大

2007年足球队合影

博文"帆布足球鞋，是工会马星桥主席顶着烈日骑着二八大杠自行车，从动物园批发市场扛回来的。

徐洪磊据说是回龙观超级联赛冠军"野猪林队"的主力队员，搭档扬懿、马衍军、张晶，坐镇后防稳健从容。左右边卫精英荟萃，汪忠、尹振军、王达川、耿彦斌，初生牛犊，能攻能守，朝气蓬勃。核心中场郝军、柴大胜，坐镇中军运筹调度，游刃有余。两边翼卫袁春毅、王伟、赵凛，如风般的少年，衔枚疾走、两翼齐飞，进球的保证。前锋蔡建华、齐越、徐志远、童剑强，跑位机敏，防不胜防。门将是纯粹公路所出品，李胜春主力、刘东替补，一如他们的公路规划技术，一丝不苟、滴水不漏。

阵容精干，浓缩就是精华。

2007年"通信杯"交通部青年足球联赛。

作为交通规划领域的领军单位，职工频繁出差是当时常态。每周乐此不疲远赴燕郊交干院参赛，努力克服出差造成参赛阵容持续不整的影响。3∶1战胜交科院，1∶2小负当届亚军交干院，随后力战公路院、水科院先后打出了2∶2和4∶4，小组出线，打进四强。惜于阵容不整和实力差距，半决赛负于当届冠军船级社，与部机关并列第三。

我们和梦想还有距离。

但，交通系统从此无人再小觑规划院队。

2011年·雄起

未来为我而来，热爱我的热爱。

院日趋繁荣昌盛，各个部门不断纳新，带来了足球人才。院领导、院工会、团委支持空前。

那时每个新入职的男生都会被问到是否踢球，各部门皆有同事入队，才俊云集，即便上一届队员多人淡出，但本届阵容最齐整时总数接近30人，占全院人数的1/11。据说，同期德国、意大利、法国的足球人口比例分别是1/12、1/12、1/15，而中国，则是1/52632。

那时的综合所仿如"曼联92班"，群英荟萃，几乎以一所之力贡献了球队整个中轴：胡贵麟、尹振军、张晓光是当时交通系统的梦幻后卫组合；左右边锋杨伯、赵凛，技术细腻、突破犀利；王伟位置前移变身前锋，进球如探囊取物；唐鹏程因缘际会，由前锋转型门将，实现"门到门"的华丽转身；传说中的"东南大学第一后腰"何明到院入职第二天就被拉到了比赛场地。公路所、水运所不遑多让，李胜春仍是门将No.1，郝军是中场毫无争议的核心，技术娴熟、视野开阔；左右后卫汪忠、周亮、王达川、马衍军、丁文涛可以沿着边线卫上下不知疲倦地奔跑，袁春毅、李雅峰、苏孟超、赵伯建在前场时常贡献神来之笔。"信息三杰"徐志远、章稷修、程洁，人称训练赛中的"进球机器"。计划处张男，与杨伯在前场两翼形成"双小组合"，是我们心中的"小梅西"。战略所李弢如同皇马的本泽马,射术精湛、力量十足,是无数后卫的苦主。哦,还有环境所神锋,人称"毅帝"、杀伐四方的傅毅明。计划处刘宏、人教处夏大永、环境所徐洪磊,以及重庆交委在水运所挂职的李灼、魏军,工作再忙也要挤出时间。那时的很多队员,都是院队和交通运输部联队的双料主力。

热爱。群策群力,自己设计队徽,自己设计队服样式,自己提炼口号,"快乐踢球、健康工作"是我们的理念,"青春飞扬,超越梦想"是我们的宣言。

执着。宁愿夜间加班干活,也要保障一周踢一场球。全年50多场大大小小比赛和训练赛,至今仍是无数单位难以企及的频率。

坚持。无论酷暑寒冬,风雪夜归,太阳宫、北服、奥体、望京、北理工、人大……都有我们欢乐的身影。

融合。无论部门所属,无论年龄大小,无论职务高低,都在足球世界里一起潇洒恣意,无所拘束。加上靓丽的啦啦队,形成

2011年"交科院杯"交通运输部直属机关青年足球联赛

了青春飞扬的组合。那时的我们，只要有机会上场，就能听到啦啦队用队员名字精心独创的口号。莫大的荣誉！

和谐。和司法部、外交部、农业部规划院、中咨集团，以及系统内的诸多院所，以球会友，用足球代言。展规划院青春形象！

笑傲交通系统，羡煞兄弟单位！

出征。2011年"交科院杯"交通运输部直属机关青年足球联赛。

揭幕战王伟"帽子戏法"，3∶0轻松挑落公路杂志社队；次战王伟、杨伯、张男、李雅峰多点开花，4∶0大胜交通报社；此后又通过王伟、郝军、张男、袁春毅等人进球，先后3∶2部机关、3∶0水科院。尽管顺利出线，然而，占尽天时地利的东道主交科院却成了我们无法逾越的障碍，小组赛0∶3落败。

半决赛对阵民航局队。对手实力强劲，力压传统强队船级社、公路院以小组头名出线。

注定是场不寻常的比赛。势均力敌，过程跌宕。常规时间1∶1战平，进入点球大战轮盘赌。最稳健的张晓光射失了点球，

2011年半决赛对阵民航局代表队

庆祝胜利的瞬间

濒临出局。绝境中李灼横空出世，就是他，曾经的全国大学生足球联赛西南赛区四强重庆交大主力门将，勇扑3个点球，力挽狂澜。总比分4∶2，历史性闯入决赛！到场助威的同事们和拉拉队员们冲进场内相拥庆祝的场景，是那个秋天最温暖的瞬间。

决赛，再战交科院，被安排在半决赛后第二天一早，相差不超过18个小时。或许是半决赛耗尽了所有的运气，尽管战术对路进攻改观，但却屡屡憾失良机，皮球数次划门而过，反被对方成功打出反击，0∶2再次告负。

遗憾、不甘，混着寒雨，凝为心结。

我们和梦想，还差一步！

2015年·圆梦

每支球队都有一个队长。

他可能球技精湛，可能帅气勃发，可能不怒自威，当然，还可能是油腻肥胖。但,无论外在有多大区别,他们都有一个共性,就是内心里充满了对球队对集体的挚爱。苦口婆心,绞尽脑汁,凑人头、订场地、收队费、抓后勤、安排比赛、组织聚会……当然,最魂牵梦萦的是,有朝一日进军决赛并攻入制胜球举起冠军奖杯。当队长的终极梦想!

队长袖标从汪忠传到了宋彬森。球队不仅有效地延续了上届亚军的主力班底,还陆续补充了数名生猛力量,公路所王宇、杨超,信息所陈绍辉,物流所张洋、林坦,设计所张艺……既有暴力"大杀器",也有边路"小飞侠"。完美补充,青春无敌。

我们可以去拥抱梦想了!

2015年"规划院杯"交通运输部直属机关青年足球联赛。

荣誉至上。老队员自发成立队委会,不惜加班反复研讨战略战术。很多队员从开赛到决赛一分钟也没上场,却每场必到,协助后勤、出谋划策。空前的凝聚力!

支持空前。每次出征,都有院、所领导的倾力支持,有啦啦队不遗余力地温暖助阵。我们的装备"鸟枪换炮",实现了跨越式的升级换代。

小组赛前两场4∶0国家铁路局、4∶0部机关,在基本确定出线的情况下轮换2∶2战平出版社。汪忠、郝军、王伟、张男、杨伯、陈绍辉、宋彬森,新老队员轮番贡献进球,锁定小组第一,进军四强。由于前主力门将李胜春、唐鹏程因伤缺席,面临严重门将荒,前锋王宇主动请缨守门,不想一鸣惊人,半决赛、决赛面对强劲对手竟取得零封!

仿如宿命。注定是属于我们的比赛。

半决赛对阵实力不俗、力压交科院出线的邮政集团,在胡贵麟、张晓光、汪忠、杨伯领衔的后防线经受住了对手一次次冲击后,王伟再次挺身而出,用一记精妙的任意球敲开了对方大门,率队再次进入决赛!

2015年7月4日,北京语言大学体育场,对手是上届半决赛对手民航局的加强版——中国民航局航信集团联队,他们首席射手11个进球相当于我们全队总量。战马骄嘶,战士持戈,不怵对手。压迫不知疲倦,防守近乎无懈。双方都有机会也都错过机会,最后常规时间互交白卷。再次以点球的名义来决定命运。

什么是队长?队长就是那个敢于去挑战自我、决定大局的人。点球决战前四轮,我们四人弹无虚发,而对方第四人射失了。最后一轮,队长宋彬森自信从容地走向罚球点,稳稳地罚进!

2015年冠军之队

曙光西里最靓的仔！

恰似命运的安排，5场比赛由上届队长汪忠头槌攻进首球，本届队长打进制胜点球。不败夺冠。

圆梦。我们的巅峰时刻！

喜极而泣。

2017年·归去

2016年、2017年很多同事离开，去擘画新愿景、书写新精彩。

球队亦然，不过骨架还在，灵魂依旧。

2017年"公路院杯"交通运输部直属机关青年足球联赛。

首战部机关，遭遇了始料未及的锋无力，全场围攻却险被对手点球偷袭反胜，不甘地收获了0∶0。感谢命运，让我们时隔两届终于再战交科院。宋彬森首开纪录，张洋灵狐般跑位再下两城，3∶1，酣畅淋漓的复仇，挤掉对手小组出线，也终于拔掉了2011年以来一直扎在很多老队员心底的那根刺。无憾了。

八进四对阵水科院，占尽上风却在终场前最后一分钟被对手头球绝杀，1∶2被逆转。无奈出局。

总是要说再见的。

2017年参赛留影

你可以追得上风，却永远追不上时间的脚步，你只能眼睁睁地看着岁月的手将时间年轮一圈圈地拨走。唯二的四朝元老郝军、汪忠，三届老将胡贵麟、张晓光、杨伯、苏孟超、张男……看着才俊云集的当届冠军公路院队，满眼都是六年前我们的样子。转身回望，青春说了声再见，华丽而又伤感地渐行渐远，目送不及，风也离离。

有位兄弟说过，规划院就像一所母校，我们在这里相遇，我们在这里成长，我们也从这里走向新精彩。

聚是一团火，散是满天星。

无论最后走向何方，我想很多人都不会忘记，因为足球，我们失去过、得到过，成功过、失败过，欢喜过、悲伤过，激动过、幸福过。

感谢一起走过。

回望

总有一群人，会在你的心中，留下深深的烙印，拥有着你最欢乐的足球时光。

总有一群人，即使好久不见，他们的笑容依旧是你心中最灿烂的阳光。

那是一种心有灵犀的默契。

眼神的初次交会，便注定难以割舍。

规划院足球队的黄金一代虽然退出了那个舞台,却没有退出记忆。我们可以说,他们没有老,因为青涩的微笑记忆犹新;我们可以说,他们正在老去,因为岁月无情,唯有时间永恒。他们肩并肩走出球场的那一幕,画面太美,不敢直视。

谁的思绪倒退十年,那些夕阳下的伙伴,那些旧日的足迹,那些无与伦比的成长日子,那些年在一起踢球又一起加班的少年,当我们梦时,当我们笑时,当我们哭时,当我们醉时,都会油然记起。

那些挑灯看剑吹角连营的岁月,身背"规划院"三个字征战的荣耀,在时光的隧道里熠熠生辉!

2017年全体参赛人员合影

(注:汪忠已调入交通运输部综合规划司)

3

"刘关张"的故事

凤翔鸣

时间过得飞快，一晃就到了退休的年纪了。

回想起过去近20年的岁月，切身经历了规划院从建院初期到现在所发生的日新月异的巨大变化。规划院从建院初期"寄人篱下"的前炒面胡同简易的临时办公室，到拥有自己"地盘"的惠新里共有大楼，直至现在初具规模的曙光西里办公大楼；院领导换了一届又一届；员工的队伍也日渐壮大，新的面孔越来越多……回忆就像电影一般，一帧帧画面不断在脑海里闪回，让人感慨万千，仿佛发生在昨天。

公路所是我院的一个大所，是一个非常优秀的团队，具有承前启后的优良传统，也是一个人才辈出的摇篮，工作氛围比较融洽，尽管工作经常加班加点，但在这样和谐友好的环境中，大家都其乐融融。将近20多年来，工作与生活中都发生了许许多多的事情，留下了很多感人的故事，但往往令人印象深刻而终生难忘的并非那些所谓的轰轰烈烈的大事，而是一些看起来似乎微不足道的小事。

"刘关张"三兄弟是中国人家喻户晓的组合。因为一次特殊工作需要，公路所也巧遇了一次"刘关张"的组合——"刘备"刘扬州、"关羽"关昌余（关院长一直主管公路所工作）、"张飞"张晓渝，同时造就了一次在公路所轰动一时的佳话。

故事已经过去有近10年了。为了完成交通部委派去西藏的一次临时性公路调研任务，根据工作需要，公路所成立了以关昌余院长为首，以张晓渝、刘扬州等为主要成员的公路调研小组。

由于高原气候的影响，非本地人在西藏或多或少都会有些高原缺氧反应。尤其是冬季，很多人反应非常强烈，严重的甚至有生命危险。这次调研时间恰好接近冬季，调研行程也基本安排在海拔较高的野外，虽然调研组成员们不是"老弱病残"，但也绝非是身强力壮的年轻人了。关院长的"胃情"在规划院"路人皆知"，刘扬州的心脏在西藏已经历过一次严峻考验了，相对而言的"女强人"张晓渝，则是距退休年龄最近的一位。调研工作的潜在风险可想而知。

在接到任务后，以"刘关张"为主体的西藏公路调研小组在关院长带领下风尘仆仆地出发了。

人到拉萨，刚下机场，众人就发现"刘备"刘扬州已经神情不对，脸如纸色，心跳加速，众人的心一下悬了起来。为防万一，大家当机立断，即刻将刘扬州进行了"遣返"，甚至不给刘扬州抗议的机会。就这样，刘扬州被迫撤离了"战场"。"张飞"张晓渝高原反应也非常强烈，但她担心影响工作，严词拒绝了大家要求撤退的好意，坚持留下。她的高原反应越来越重，甚至不得不吊针，一边输液一边工作。好在张晓渝坚持到了最后，完整地参与了这次调研任务。最后，大家最为担心的其实是"关羽"关昌余。关院长的胃一直不好，做了大部分切除，当时的胃已经所剩无几，平常工作也偶尔劳累过度，更不要说在西藏这样恶劣条件下坚持工作了。关院长考虑到自己是领队，是调研小组的主心骨，为了确保这次调研工作不受影响，必须以身作则。就这样，关院长以顽强的毅力坚持工作，顶住一系列高原反应，克服重重困难，圆满地带队完成了这次艰苦的调研任务。任务完成后，回北京不久，关院长的胃还是出了毛病，再一次大出血，住进了医院。

类似的事情在公路所不胜枚举，也并不算什么惊天地的大事，但"刘关张"的故事，在公路所却成为一段广为流传的佳话，在很长一段时间内都是同事们茶余饭后的热门话题。

时过境迁，往事成烟，转眼这件小事已经过去很多年了，加上公路所的人越来越年轻化，已经从大家的记忆中慢慢淡化了。但对我来说，印象仍然非常深刻，一直历历在目，记忆犹新。

这件事让我感受到公路所老一辈的同事们那种默默无闻、吃苦耐劳的工作作风，工作中不计较个人得失、顾全大局的奉献精神，团队友爱、相互礼让的博大胸怀。正是这些数不清的小事，记忆着公路所的过去，捆绑着公路所的未来，寄托着公路所的希望，也让我们对公路所充满着无限的怀念！

4
返朴还淳，平心而论——记青年理论学习品牌"平心论"的发展历程

颜开

序言

新时代青年要树立远大理想、热爱伟大祖国、担当时代责任、勇于砥砺奋斗、练就过硬本领、锤炼品德修为。提升政治理论修养，是党对年轻干部的一贯要求，是青年一代健康成长、做好本职工作的必然要求。2019年9月，交通运输部规划研究院团委经过几个月的精心策划和设计，创办了青年理论学习品牌"平心论"。

"平心论"以学习宣传贯彻习近平新时代中国特色社会主义思想为主线，读原文、悟真知、谈体会，结合新时代主旋律，通过短文、感言、诗词歌赋等形式表达思想认识和学习体会，展现交通运输部规划研究院青年理论学习小组最新学习成果。

种子

"平心论"的种子，在2019年7月1日的晚上就埋在了我的心里。作为部规划院安全所团支部书记，能够在党的生日这天参加部直属机关团干部和青年骨干培训班，让我倍感自豪、倍受鼓舞。在第一晚的大研讨中，我结合理论学习成果和自身实践经验，分析了当代青年的思想形态，向苑海珍书记表达了青年党员干部要在理论学习中"能输出、愿输出、善输出"的观点，得到了苑书记的支持和鼓励。"输出"需要载体，一整夜的思考，让我下定决心要创建一个青年理论学习精品品牌，与此同时，"平心论"这三个字在脑中悄然而生。返朴还淳，平心而论。新时代中国青年最需要的不就是去掉脑中的浮词虚语，静下心挖掘真理，输出精品吗？"平心论"三个字既蕴含了习近平新时代中国特色社会主义思想和"不忘初心"的寓意，又表达了化繁为简、追求真理的理论学习观。作为青年理论学习成果输出的载体，再合适不过了。

名字想好了，接下来便是形式了。"平心论"是青年理论学习的载体，整个学习过程应是符合系统论的。"读"是基础，且一定要读习近平总书记的原文原话，这是系统的输入。"悟"是核心，要求青年在真学真信的基础上，学深悟透、融会贯通，这是系统的处理。"论"是成果，写出的文章应能够结合实践，与时俱进，在学习真理中诞生精品，这是系统的输出。

团干部培训班结业前的一晚，我和张男同志（时任院第三届团委书记）第一次讨论了关于"平心论"的策划方案。张男同志建议以海报的形式展示，并首先在安全所团支部进行试点，若促学作用好便大力推广到全院。

萌芽

回到院里后，我详细策划形成了"平心论"的品牌方案，8月20日，在党支部狼牙山党员大会上，通过了全体党员的决议，着手开展"平心论"品牌建设工作。我迅速组织团支部成立了"平心论"工作组，其中郑欣蕊主要负责海报设计，王姗姗主要负责"平心论"成果的汇总收集，李建实和孙榕负责动员所内青年撰写"平心论"，各司其职，快马加鞭，孵化培育"平心论"。

9月10日，院第四届团委正式成立，首次当选院团委委员的我，向院团委汇报了"平心论"的工作进展，得到了院团委书记宋彬森的高度重视，团委会一致决定将"平心论"列为院级品牌进行重点孵化，并立即成立了"精品学习工作组"。

与此同时，平心论文章陆续完成，主题海报的设计也在同步进行。9月24日晚上10点，经过反复打磨，宣传委员郑欣蕊同志突然灵感迸发——"泼墨山水，故宫，远山，长城，飞鸟！"——一气呵成，平心论的主题封面海报就此诞生。

第二天一早，我迫不及待地找到宋彬森同志展示新鲜出炉的

"平心论"文章成果和海报设计。彬森同志立刻召开团委会,对"平心论"的推广宣传工作进行布置,各团支部书记积极响应,着手动员支部青年撰写"平心论"。当天傍晚,彬森同志和我一起向汪凤娥书记汇报了"平心论"成果。凤娥书记表示了赞扬和支持,并建议充分利用青年公众号和一楼广告机,以线上线下相结合的方式大力宣传。当晚,彬森同志又代我向仍在加班的杨文银书记做了汇报。杨书记高度肯定了"平心论"首次成果和封面设计,并点睛了"平心论"的中心思想——读原文、悟真知、谈体会。要求交通规划青年从习近平总书记的原文入手,做到入脑入心,知行合一,悟透原理,最终形成深刻纯实的心得体会,展现规划院青年的高水平和新风采。经过杨书记的点拨,平心论的主题封面海报最终定稿。封面设计采用纵向页面布局,"平心论"三个暗红大字以毛笔书法的样式置于中部位置,"读原文、悟真知、谈体会"九个字采用红色印章落款。封面下方为故宫古建筑局部展示,往上延伸长城、远山和飞鸟,整体融合了古建筑摄影和山水画的混搭风格。

开花

9月27日,第一期"平心论"在部直属机关青年公众号和院青年公众号两级同时发布,彬森同志精心构思了"平心论"的导语。围绕交通强国建设和青年担当作为的主题,两篇文章同时发表,文章海报

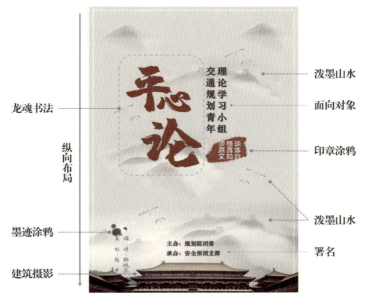

"平心论"的封面设计

加入了庆祝新中国成立70周年的LOGO水印,为祖国母亲庆生。"平心论"的重磅推出,在交通行业青年中引起了巨大反响,部院两级青年公众号的阅读量破千,收获了广泛好评和支持鼓励。

"平心论"正式启航之时,关于文章及海报的基本要求也一并诞生:第一,紧扣"读原文、悟真知、谈体会"主题,原文引注规范,真学深悟,学习体会能充分展示"论"的亮点。第二,文体不限,高度凝练,严肃规范,篇幅300字以内。第三,每期两

"平心论"在部院两级青年公众号上发布

第一期文章主题围绕交通强国建设和青年培养

位作者，推荐自各青年理论学习小组。第四，文章措辞严谨，海报设计简约，人物照片正式。

在院团委的组织推广下，全院青年积极投稿，各支部结合中心工作特点设计了丰富多彩的主题海报。如水运所采用水滴汇聚元素，环境所融合蓝天白云和绿色思维，信息所展示世界互联，公路所和战略所采用不同的公路元素，综合所以大兴新机场为水印，安全所和设计所继承了水墨风格同时加入手绘路桥图案，机关团支部则以城市卡通元素展示青年活力。各部门青年围绕青年理论学习、交通强国建设等主题，结合实践成效，积极输出青年独到见解，百花齐放，繁星满天，其中不乏诗词古文等精彩作品。"平心论"在院党委的支持下，在院团委的精心组织推动

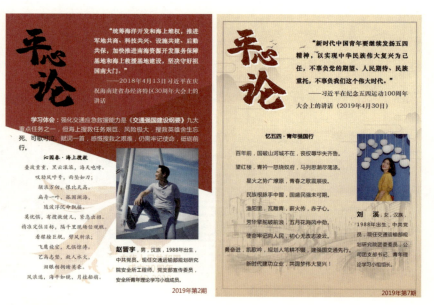

诗词作品展示

下，不断成长，结出了丰硕繁盛的果实。

2020年1月17日，在院青年理论学习成果表彰大会上，我向到场的部团委海珍书记，院文银书记、凤娥书记以及各部门领导和青年代表们展示了"平心论"的阶段成果，汇总了共34位交通规划青年的精彩文章。领导们对"平心论"的成果提出了表扬，也给出了进一步提升的建议。文银书记和凤娥书记对"平心论"工作的优化完善提出了宝贵意见。海珍书记建议"平心论"要继续深挖青年理论学习的价值，精益求精，展现优秀青年思想内涵。

在疫情防控期间，"平心论"的工作没有丝毫放松，仍然每周一期发布。各支部青年为奋战在疫情防控前线的工作者加油鼓劲，也为交通保障疫情防控出谋划策。

繁茂

自品牌创建以来，各党支部带领团支部，充分发挥积极作用，吸引全院青年开展理论大学习，积极投稿"平心论"。目前已正式发布了30期共60位青年的"平心论"。每期"平心论"都以习近平新时代中国特色社会主义思想为指导，在深刻领悟原文原理的基础上，各部门青年理论学习小组围绕加快交通强国建设，阐述理论深入实践的学习体会。陪伴"平心论"一同成长的过程中，我认真总结了"平心论"的品牌内涵：

"平心论"是学习模式的创新。强调返朴还淳，化繁为简，用短小精练的文字代替长篇阔论,同时又不仅仅是几句宣传语。促进青年在认真研读原文中深刻感悟原理真知,并融合个人思想,立足中心工作,发表规划青年新观点。对理论知识有输入、有思考、有输出,形成完整的学习闭环,具有学习模式上的创新性。

"平心论"是青年展示的平台。"平心论"以部院两级青年公众号、院一楼大厅广告机、定期出版刊物的线上线下(O2O)相结合的方式,展示交通规划青年在理论学习应用中的独到见解和深刻体会。让行业内外更多人认识自己,这既是一种个人宣传,也是规划院"精品人才"理念的推广,更能够展示规划院作为行业顶尖智库的人才储备水平。

"平心论"是促学践行的方法。青年时期是一个人思想最活跃、精力最旺盛的时期,规划院青年不但思维敏捷,更因为从事交通规划事业不断培养形成宏观视野。"平心论"能够引导青年更加系统化地理解习近平新时代中国特色社会主义思想理论体系,帮助青年学用新思想指导业务工作,从而进一步拓展青年的思想维度,整体提升交通规划青年理论水平和业务能力。

"平心论"是与时俱进的品牌。已发布的60篇"平心论"文章,从最初为祖国母亲庆生和为《交通强国建设纲要》的发布呐喊助威,到我院重点项目的成果推广,再到疫情防控交通运输保障的种种措施和建议,"平心论"紧跟当下形势,展示了规划院青年与时俱进的思想,也体现了青年理论学习不断进化的内核。

习近平总书记在《摆脱贫困》里的"滴水穿石的启示"篇

中写道,"坚硬如石,柔情似水——可见石之顽固,水之轻飘。但滴水终究可以穿石,水终究赢得了胜利……我推崇滴水穿石的景观,实在是推崇一种前仆后继,甘于为总体成功牺牲的完美人格;推崇一种胸有宏图、扎扎实实、持之以恒、至死不渝的精神。"我认为,青年理论学习的根本目的就是要新时代青年能够塑造更完美的品格,锻造更高尚的精神。"平心论"的发芽成长、开花结果,汇聚了每一位交通规划青年日积月累、久久为功的学习成效。我们要继续以滴水穿石的精神,浇灌"平心论"这片学习沃土,收获繁盛的思想果实!

5

记全国青年岗位能手：谢燕

王人洁、高嘉蔚、高玉健

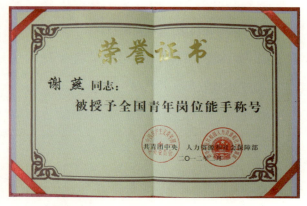

"全国青年岗位能手"荣誉证书

自力更生，步履维艰，克服艰险开创绿色发展之路

"从无到有，共同成长，我很荣幸也很庆幸从事交通环保事业，并作为终生追求。"

生于青海省察尔汗盐湖这个不毛之地的谢燕，从小就向往绿水青山、大海河川，先后在清华大学水利系、环境系获得学士和硕士学位后，谢燕选择交通运输部规划研究院工作，毅然投身交通环保行业。

2005年谢燕入职院安全环境所，彼时还没有独立的环境所从事交通环保相关工作，只是作为安全所的下设室开展部分环境影响评价工作。两三个员工、四五个项目，一群为了交通环保事业的有志青年开始了在交通领域探索环境影响的艰难之路。上海港、黄骅港、青岛港，一个个攻克港口的规划环境影响评价。在规划环评是什么都搞不清楚的年代，谢燕及其团队虚心学习，不耻下问，查阅大量资料，调研各大港口，不断总结提炼，深入系统思考，终于谢燕执笔编写的《港口规划环境影响评价技术要点》由交通运输部和环保部联合发布，成为首个港口规划环境影响评价报告书编制的标准规范，该项目成果也在2012年获得中国航海学会科学技术三等奖；谢燕牵头的深圳港规划环境影响评价在大纲审查阶段就得到了业主和专家的高度肯定；谢燕主持编制的宁波舟山港总体规划环评报告成果，入选"砥砺奋进的五年"大型成就展。

谢燕与环境所、规划院共同成长，在摸着石头过河的过程中，开创了绿色水运发展之路，并不断实现自我，立志继续在交通环保事业上奉献力量。

勇于创新，奋发图强，勤学善思推动绿色水运发展

"精益求精，不断创新。努力做到今天比昨天更优秀，我永远在路上。"

每一个项目，每一次汇报，谢燕都对自己提出更高的要求，一

定要在方法、技术、细节等方面有所创新，秉承着对工作负责的态度，对自己严格要求的精神，谢燕深入港口规划环境影响评价、船舶污染风险评估等多个领域的实践和研究，实现了理论框架和技术方法多方面的创新，取得了突出成就。谢燕带领课题组，力求每个研究都有新的进展和突破，逐个改进了报告的结构框架设计、岸线规划环境合理性评价、规划协调性分析、资源利用效率评价、评价指标体系等方面的技术方法，实现了各领域的创新发展。

谢燕是单位公认的"女汉子"。怀孕7个月时，为保证委托单位项目能够尽快通过审查，谢燕连续几周坚持高强度工作，业主单位为谢燕的敬业精神和专业态度敬佩不已。无数次的跌倒又站起来，数不清的困难一一克服，谢燕一步一个脚印，坚定前行。谢燕曾先后获得全国青年岗位能手、全国交通运输行业文明职工标兵、交通运输部直属机关雷锋奖等光荣称号，并先后获得中国航海学会科学技术三等奖、中国公路学会科学技术一等奖、水运建设协会二等奖等奖项。

谢燕精益求精、勇于创新的敬业态度，极大地带动了交通环保相关项目的高品质出炉，也有力地推动了绿色水运环保事业不断发展。

不忘初心，志存高远，勇于奉献带领团队攻坚克难

"风餐露宿，甘之如饴。和团队一起打硬仗的日子最开心！"

谢燕带队到各地调研，经常由于行程太满、单位众多，而无暇

顾及三餐。一次中午飞机刚落地，团队四人赶到港口，马上就要开始船舶污水接收处置的实际操作，直到傍晚要赶去另一家单位调研的空隙，四个人才有机会找到冰凉的八宝粥，就着海风狼吞虎咽。

谢燕牵头组织编写各类紧急重要文件，常常是封闭撰写白日到深夜。一周一汇报、一天一修改是家常便饭。谢燕积极鼓励团队，主动多干猛干，带领团队攻克下一个又一个急难险重的任务。每次听到"规划院这支队伍是能打硬仗、打好硬仗的"肯定，谢燕便觉得流过的汗水和泪水都值得了。

2013年以来，谢燕先后被推选为主任工程师、专业总工，主要负责水运环保领域项目的技术进步及技术审核，谢燕坚持认真审核每一本报告，详细撰写修改建议，帮助新同事深化对研究课题的认识，探讨新技术方法的应用，以促进团队整体业务能力的提高。在谢燕的带领下，2015年全国妇联和全国总工会授予水运环保室"全国巾帼文明岗"光荣称号。

作为一名中共党员，谢燕时刻牢记使命，坚定理想信念，带领团队攻坚克难，为中华民族伟大复兴的中国梦、交通运输的强国梦不懈努力。

生生不息，久久为功，牢记使命肩负责任砥砺前行

"同呼吸共命运，进入规划院是我的荣幸，离开规划院也会时刻铭记我是一名规划人。"

党的十八大以来，国家对生态文明建设要求不断提高，绿色交通建设也如火如荼。谢燕积极投身《船舶与港口污染防治专项行动实施方案（2018—2020年）》《珠三角、长三角、环渤海（京津冀）船舶排放控制区实施方案》等政策制定中。谢燕认真收集各有关数据资料，深入领会"大气十条""水十条"的政策要求，为船舶和港口污染系统防治出谋划策。作为新员工的指导工程师，谢燕用真诚和热情关心着每一位同事，为营造良好的工作氛围、积极团结广大青年共同践行理想，贡献自己绵薄的力量。在指导新员工的过程中，谢燕将规划院不断挑战、追求卓越的精神代代传承，将行业智库、品质保障的要求言传身教。

为在绿色交通发展、污染防治攻坚战的重要任务中更好发挥水运环保科研积累的优势，谢燕经选调进入部水运局工作。在新的平台上，谢燕迅速调整角色，脚踏实地持续提高业务能力，努力做行业管理的专家。谢燕牢记自己曾是规划人，力争给规划院增光添彩。为落实党的十九大提出的美丽中国美好愿景，谢燕深入学习习近平生态文明思想，立足本职岗位，在打赢蓝天保卫战、长江绿色发展等方面积极制定相关政策。

谢燕深知单位与个人密不可分，正是人生理想和国家民族事业的深度融合，给谢燕带来了源源不断的动力，让谢燕十几年来一直默默奉献，不断前行。

（注：谢燕已调入交通运输部水运局）

6
交通服务设施规划，助力阿坝全域旅游发展
程逸楠

缘起

近年来，交通网络的逐步完善和小汽车数量的不断增加，使得自驾车旅游成为重要的旅游方式。随着大众旅游观念的转变，现有的"快餐式、节假日"旅游方式将被"深入式、体验式"旅游方式所替代，自驾车游、自行车游、徒步游览将成为潮流。新的旅游出行方式对传统公路提出了挑战，迫切需要建设出满足国内外游客综合需求的公路网络和服务设施。

交通运输部、国家旅游局等六部委联合出台的《关于促进交通运输与旅游融合发展的若干意见》提出要"以国省干线公路服务区试点建设为契机，鼓励在路侧空间富裕路段设置驿站、简易自驾车房车营地、观景台、厕所等设施""具备条件的道班可探索配套建设旅游停车场、驿站、简易自驾车房车营地等设施"。

调研"随手拍"获奖照片

（注：本作品获2019年交通运输部直属机关"青春建功新时代"摄影比赛一等奖）

2017年初，四川省交通运输厅和四川省旅游发展委员会联合推进"交通+旅游"行动计划，提出要加快开展普通公路服务区建设试点工作，推动公路交通服务全面提质增效升级。作为"全域旅游示范区"的阿坝藏族羌族自治州（简称"阿坝州"）为指导旅游公路建设，在全国民族地区率先提出了要开展全域旅游公路网规划、全域旅游国省干线公路服务设施规划、全域旅游公路及景区道路交通标志等附属设施规划研究。

2017年2月底，我所接到了阿坝州交通运输局的邀请，委托我们对阿坝州的普通国省干线公路服务设施规划开展研究。

上路

阳春三月，天气还有些微凉，环境所一行6人在刘杰副所长的带领下踏上了助力阿坝州全域旅游公路服务设施规划的调研之旅。为了厘清阿坝州普通国省干线公路服务设施现状及存在问题，收集全域旅游发展对公路服务设施的新需求，深入体会设施周边的景观格局与地域文化特征，调研组兵分两路对阿坝州1市12县的14个公路分局和208处养护管理站展开了为期8天的逐一调研。调研时间紧、任务重，三月的川西高原还未解冻，时不时还会来场大雪，恶劣多变的天气给本就紧张的调研行程又增添了很大难度。记得从小金县前往马尔康的路上，我们刚翻过海拔4114米的梦笔山垭口，天空就飘起了鹅毛大雪，黑压压的天空与雪白的山林形成了鲜明的对比，我们被眼前壮美的景观深深震撼，纷纷拿出手机拍照留念。安全起见，车速很慢，仿佛在带我们领略当年长征之路的艰辛不易。为了能在天黑前顺利赶到马尔康，调研组的同志们在大雪中对梦笔山脚下的一处养护站进行了踏勘调研，虽然风雪中拿笔记录的手早已被冻得发红，但大家还在认真坚持，因为此时在风雪中还有一群正在清扫积雪的养护工人们在辛勤又忙碌地工作着。阿坝州公路管理局的李金燕科长全程陪同我们一起调研，路上给我们讲解了很多阿坝州公路建设与养护背后的故事，让我们深深为之动容。其中印象深刻的有两个故事：一个是汶川大地震时国道213线上的一位养护站站长在震后积极组织养护工人和村民展开互助自救，带领大家不畏艰险徒步两天两夜走出灾区；另一个是在国道210线上有位养护工人常年独自驻守在海拔3000多米的道班上，条件异常艰苦，除了得忍受高寒海拔的恶劣气候，还得抵抗没有网络与陪伴的孤独寂宽。为期8天的调研虽然短暂，但我们经历了高原上的鹅毛大雪、冰雪路面上的车辆侧翻、头痛欲裂的高原反应，当然还有一路数不尽的壮美景观和一个个让人动容的感人故事。在川西北的高原上修路难，守路更不易！正是听了见了来自基层养护站点的真人故事和环境现状，我们对阿坝州公路服务设施规划更是充满深情，不仅要让这些公路设施服务更多的游客，还要通过规划来改善基层养护工人的办公条件。

回味

阿坝州有多美，去过才知道。"一步一美景，处处是天堂"，西北部大草原，一马平川，蓝天白云，牛羊牧野；东南部高山峡谷，层峦叠嶂，林泉相映，鹃啼猿鸣；"童话世界"九寨沟、"人间瑶池"黄龙、"东方圣山"四姑娘山……谁来了都会爱上这片高原净土。得益于众多旅游资源和美景，"交通+旅游"是阿坝州交通发展的一个突出特色和亮点，通过交通建设带动全域旅游提档升级，助力脱贫攻坚大有可为！虽然距离阿坝州的调研之旅已经过去了3年之久，但阿坝州的美景和基层交通人的吃苦耐劳与不畏艰险的精神久久印刻在我心，时刻激励着自己在促进交通与旅游融合发展的道路上继续前进，为创建人民满意的交通而时刻奋斗！

后记

2018年7月30日,阿坝州人民政府常务会审议通过了我所编制的《阿坝藏族羌族自治州国省干线公路"交通+旅游"服务设施规划》和配套实施方案。根据我们的规划和方案,阿坝州计划用3~5年的时间,采用打捆招商模式,新建和完善25条国省道沿线的328处公路服务设施,并通过进一步打造旅游示范公路,加快建成全州国省干线公路服务设施体系,为建设全域旅游示范区提供有力支撑。希望有一天阿坝州能真正成为世界旅游目的地,而我们规划的公路服务设施也能早日建设完工,服务更多的游客!

7

国在山河虽微恙,藏羌坦途心连心

宋彬森

西行漫记

唐肃宗至德元载(756年)六月,安史叛军攻下唐都长安。七月,杜甫听到唐肃宗在灵武即位的消息,便把家小安顿在鄜州的羌村,去投奔肃宗。途中为叛军俘获,带到长安。因他官卑职微,未被囚禁。次年三月,面对春城,有感而发:"国破山河在,城春草木深"。

此行眼中的汶川

1200多年后,2013年8月18日—9月8日,交通运输部规划研究院13名青年赴四川省阿坝州开展"根在基层"行业实践,首入汶川,面对5年前那次震惊国人的天灾遗迹,面对随处可见的山体滑坡,心里特别难受。

本以为5年的时间会让汶川、茂县等受灾大县的伤口慢慢愈合,可是事与愿违。从成都进入汶川,涉世未深的我看到了正在抢通的断头桥,被连根卷走的电线杆,从山体塌落一地的泥石流和曾经只出现在教科书上的成语——残垣断壁。路边挖掘机随处可见,隧道内外交通管制堵车在所难免,车旁的岷江咆哮而过,堵在路上的我陷入深思,赋词一首,以表初入汶川的见闻情感。

水调歌头·西行漫记

别梦忆汶川,今朝犹震撼。

百里隧道西入,极目蜀道难。

历经地动山摇,川峦千疮百孔,飞石毁泥丸。

五一二风起,七一零添难。

车马蠕,江龙哮,几心酸。

断桥难贯两岸,巨岩塑斜杆。

慰有神州屹立,华夏儿女并肩,合力平惊澜。

禹魂应无恙,岷水祈涅槃。

写这首词的感情，先是说出了印象中和现实中对汶川的见闻差距，真可谓"蜀道之难，难于上青天"，但慰有华夏儿女并肩，慰有全国人民对汶川的支持，因此心底也有了一丝明净，衷心地祝福汶川，祝福阿坝州。

再回首，昔日的杜子美面对美丽河山只能望洋兴叹，而如今，在国富民强的社会里，面对再大的天灾，我们都能够真切地感受到党和政府的大力关怀。因此，我的题目与"国破山河在"恰好取反，在藏羌汉民族融合的阿坝州，我想到了"国在山河虽微恙，藏羌坦途心连心"这句话。

稍做休整，一行四人早上7点就坐上了汶川至马尔康的长途客车。一路沿山傍江，十分感触。

这里的山上几乎没有植被，大小滑坡极为常见，甚至会有"新鲜"的沙石滑落至路面，可是我们的驾驶员师傅淡然处之，敬畏、敬佩。

这里的江水是典型的山区河流，突兀的卵石质河床上无数咆哮的江水仿佛在耀武扬威；这里的路分为两种，正在走的新路和对岸的老路，由于无情的地质灾害，大多数老路已经无法使用。

这里的隧洞数量多、里程长，受狮子坪库区蓄水位变化影响而发生的山体位移已导致二古溪隧道出现渗水，目前二古溪隧道正处于维修阶段，车行其中，我有了这样的感悟：隧道中前行，可怕的不是黑夜漫漫，而是灯火通明。

这里的桥半数以上属于危桥，印象最深刻的是二古溪大桥。

受狮子坪库区影响，二古溪大桥发生偏移，桥墩出现裂缝，车行至此，全车人下车步行过桥，以免集中荷载对桥梁产生破坏。另外万一发生危险，不必再疏散乘客，方便驾驶员弃车逃生。桥下就是深不见底的河谷，当时在桥上穿过时，心里特别复杂，大概这是人生第一次这样的经历吧！初入马尔康，路上感触大抵就是这些，一首小诗，既记录了此行感受，又表一表对阿坝交通的祝福，更从另一面解释了本文之题目。

入马尔康有感

碎岩断壁眼中印，危桥千尺矗山林。
国在山河虽微恙，藏羌坦途心连心。

两番劫难

2010年8月13日，2013年7月10日。

这两个日子在一般人的印象中早已荡然无存，除了阿坝人。"5·12"大地震后，山体岩石结构松散，加之常年日光照射充足，岩石风化严重，形成了标准的松散堆积体。如遇到长时降雨，堆积体遇水过饱和后，极易形成滑坡泥石流。

在那两天，暴发了。

每一次对交通设施都是毁灭性的。

犹记得全体成员随松潘县路政人员赴X120线松平路勘察公路水毁情况那一天。从川主寺镇至黄龙一路属于开发较为完善的旅游公路，属灾后安徽对口援建，投入大、标准高、质量好，路面平坦，沿途养护情况较好；车过黄龙，路面从柏油路变成水泥路，路面较为不平整，沿途山势渐陡，行车条件不佳，在黄龙至双河村的40余公里的县道上，我们蹚过了2个涉水路面，目睹了近15处滑坡泥石流水毁路段。路政所工程股的负责人告诉我们，这段公路地处地震活跃带，地质结构十分复杂，海拔跨越大（从千米到3000米），气候变化非常明显，降水丰沛，地下水丰富，飞石和泥石流等自然灾害频繁。

在这段县道上，水毁最为严重的在双河村公路养护站附近。这里在2010年"8·13"泥石流灾害中曾经遭受了毁灭性的打击，老旧的公路养护站被疯狂的泥石流残酷地吞噬，所幸没有人员伤

2010年8月13日泥石流冲毁

2013年7月10日泥石流再毁

双河村道班两遭重创

亡；今年"7·10"特大泥石流灾害中，此处再一次受到重创，大量的岩石从山上如潮水般倾泻而下，我们只能从悬空的路基和凹凸不平的路面去猜测当时的可怕情形。

当我们站在屋前默哀沉思的时候，松潘路政王队长无奈地说道："苦不苦，想想红军两万五；惨不惨，看看双河养护站。"诚然，在今天的勘察路上，我们目睹了泥石流的强大威力，感受到了公路水毁养护压力的重大，心中不禁对山区公路养护工肃然起敬，也祝福我们祖国的基层养护事业越来越好。

浴火凤凰

斑驳的墙壁，破旧的院落，一面已经褪色的国旗迎风飘扬，这里便是S209线360K红原县刷经寺镇公路养护站。简陋的居室内，只摆放着一些陈旧的生活必需品，在这里我们见到了道班班长邓帮锡。邓师傅给我们的第一印象是不善言辞，初见我们时只是一个劲招呼我们坐下，并张罗着给我们沏茶。当听说我们要拜师时，邓师傅显得有些不知所措："没啥子可以教你们的"。随着交谈的深入，邓师傅的话也逐渐多了起来。在交谈中，我们了解到，邓师傅1981年参加工作，至今已担任养路工32年。邓师傅的生活是艰苦的，他所在的道班远离县城，生活必需品每半个月才会有人送来，吃水用电问题也是近几年来才得到初步的解决，除了仅能收到几个频道的电视，再无其他消磨时间的方式。

32年来，邓师傅无论严寒酷暑，始终坚守在工作岗位。刷经寺镇公路的特点是坡度大、弯道多，人称九曲十八弯。"冬防三折，夏防水害"是养路工作重点。路上出现的坑洼，邓师傅和他的同事们要一个一个垫平；过往车辆、行人丢下的杂物，他们要及时清扫。当谈到工作的艰辛时，他微笑道："现在还好咯，路都修好了，以前都是土路，那搞起来才叫恼火。"

S209线360K养护站已实现安全生产数十年，是阿坝养路系统的一棵安全常青树。邓师傅和他的同事们尽心尽职的工作得到了大家的认可。在房间一角，我们看到了挂满奖状的荣誉墙，"优秀先进集体""双优先进集体""先进班组"……看着这些奖状，邓师傅露出了开心的笑容，本职工作得到认可是他最自豪的事。

刷经寺分局养路工邓帮锡师傅那质朴敬业的形象，已深深镌刻在我的记忆中。他对工作的无私奉献、认真坚持、任劳任怨将激励我们投身交通事业，在今后的工作中做出更大贡献。返程的途中，再次体会到了马尔康至红原县的山路十八弯，再次翻过了海拔4345米的查针梁子垭口，再次看到了醒目的长江黄河分水岭的提示牌，再次回眸了妖娆隽美的月亮湾。脑海中突然浮现出条件艰苦的公路养护站和里面任劳任怨的师傅们，也想起了几十年前这里曾是红军过草原走过的地方……不假思索，新赋一曲《卜算子》，怀念红原的道班师傅，我的师傅。

卜算子　红原养路工

九曲盘山过，红原低云飘。扬子黄河一山隔，月亮湾妖娆。
高山养路工，岁月何寂寥。旧有红军克艰险，风骨续今朝。

被称为"三门"干部的我们，只了解书房里的情况、上边的情况，不大熟悉基层，基本不懂群众，以至于在工作中规划易脱离实际，方案可操作性不强。这次调研活动提供了一个认识社会、了解国情的平台，既是一次基层实践锻炼，也是一次社情民意体验，行程虽然短暂，但其间的震撼已融入我心，无法释怀。

三周阿坝行，一生阿坝情。阿坝州交通运输事业百废待兴，还有许多有待破解的难题，值得我们继续深入探索和思考，也提醒我们要用实际行动为阿坝交通的发展多做一些实在的事情。今后我要立足本职岗位，围绕中心、服务大局，认真开展各种形式的学习实践和思考调研，深入基层、掌握实情、关注民生，为推动现代交通运输业的发展贡献自己的力量。

经历就是财富，挫折更是财富。

8

我的伴院成长手记
杨立波

序曲——规划梦

我，来自山东。这里既有秀美奇丽的黄渤海岸，也有物产丰饶的齐鲁腹地；既有巍峨壮观的泰山，也有咆哮奔腾的黄河；既有华夏文明的源远流长，也有孔孟文化的经久不息。然而，山东之美曾因交通落后而黯然无光。40年前，改革开放的春风吹进了我出生的闭塞村落，也在我心中种下了经纬交通的梦。17年前，我进入规划院，在这个兼收并蓄的熔炉里，开辟事业，历练人生，都只为年少的梦。趁着那寂寞天，攻坚日，感悟时，谋略交通。因此上，圆出这矢志不渝的规划梦。

跨科考研，乐海作舟

我大学就读于山东理工大学，机械工程专业，一个并不心仪的专业。经过半年深思熟虑,我决定跨学科报考交通工程专业研究生。于是,经过3年多苦行僧式的备考,我自学完成近20门专业(基础)课程,并以两门研考专业课接近满分的成绩,成功进入长安大学深造,终获如鱼得水的轻松和快乐。读研期间,我充分利用导师给予的实践机遇,在新兴的交通工程设计领域钻研,发表多篇学术论文,完成硕士学位论文,出版高等教材《交通工程设计理论和方法》,为全国交通工程设计课程教学和实践做出了积极探索。

踌躇满志,职场迷途

研究生毕业那年,我认真分析职业定位后,放弃了多家单位高薪要职,毅然选择更具发展前景的规划院,进入安全所从事交通工程设计,这一专业领域当时在行业内发展如火如荼,而在我

规划调研

院刚刚起步。进入安全所后,我负责了"国道主干线公路通信系统建设规划""ITS对交通基础设施效率影响研究"等重大课题,为推动全国高速公路电子不停车收费和智能交通系统发展略尽了绵薄之力。后来,正当事业渐入佳境时,我院却受资质条件限制,交通工程设计业务逐渐终止,我的事业发展也陷入了迷途。

审时度势,再启征程

命运关上一扇窗,便会打开一扇门。我深思熟虑,决定迎接新挑战,编制《交通支持系统"十一五"建设规划》,并借机会重新谋划职业定位。支持系统涵盖安全应急、科研教育、通信信息、节能环保等领域,其中水上安全为中央垂直管理,由国家全额投资,为支持系统重中之重。当时,我院公路水路规划体系已日臻完善,而水上安全规划体系却近乎空白,相关理论和实践也凤毛麟角。基于此,我制定了职业目标,通过规划编制和专项研究,创建水上安全规划理论和实践体系。

在职读博,实践升华

从事水上安全规划研究工作,是我专业学习的第二次跨越。非典之年,我考取了北京工业大学在职博士生,再度在自由之思想中畅游,在独立之精神中浸润,钻研水上安全专业课程。读博

专家论证会

期间,我参加了《国家水上交通安全监管和救助系统布局规划(2006—2020年)》(简称《国家规划》),负责规划理论方法和飞机船舶及基地布局专题。我以此为基础撰写博士论文,在水上安全规划理论上取得突破,为国务院批准《国家规划》提供了重要技术支撑。奥运之年,我如期毕业并获得博士学位。

吐故纳新,破茧成蝶

在完成《国家规划》编制后,我没有志得意满,而是省身定心,愈明若思懈怠,便会心有间断,私欲相乘,非昏则倦,不进则退。故此,我先后负责了《国家规划"十二五"建设方案》《交通支持系统"十二五"建设规划》《海事系统"十二五"建设规划》等规划,以及相关战略政策、标准规范、理论方法、技术应用、工程论证等专项研究。几项规划、研究,工作任务之重、协调压力之大可谓前所未有,所以我也选择加班加点工作,放弃年假、婚假和春节假期。功夫不负有心人,研究成果进一步丰富了水上安全规划理论和实践体系。

律己予人,春风化雨

将帅无能,累死三军。走上技术领导岗位后,我知道不能不作为,更不能乱作为,不能吃经验的老本,更不能用过时的观念误导人。在率队编制《国家规划(2016年调整)》《深远海搜救能力建设规划》《交通支持系统"十三五"建设规划》等重大规划时,我亲力亲为,尽量让团队成员各尽所能,形成强大合力,完成各项重任。此外,我通过讲座和访谈等形式,在院内先后分享了爱岗敬业、业务杂谈、人才培养、规划编制、论文写作、事业规划等经验和思考,对我院青年群体有一定影响。

半程回眸,今从头越

入院至今,我已承担项目150余项,其中规划研究类125项(负责110项),部指令性临时性项目约占安全所总量的60%,出版专著2部,发表论文45篇,做讲座27场,获部级优秀成果奖10余项,

国际论坛

曾获全国"交通科技英才"、部机关"雷锋奖（爱岗敬业类）"、院"十大青年英才"等荣誉称号。但在职业生涯下半场，我时刻警醒自己，再多名利终归有尽，唯有做事无愧于心。如今，我正在负责编制《国家规划（2021—2035年）》，深感责任重大，将继续不逐于力，不恃于技，不耽于誉，静静地思考，执着地进取。

坚守初心，感恩前行

青春无限，但韶华易逝，最美的时光，也走得最急，但挡不住追梦的人。只要坚守属于自己的初心，即使走出半生，待到多年后铅华洗净、繁华散尽，而回首往事之时，依然感到青春无悔！我常怀感恩之心，感恩交通发展异军突起，感恩规划事业方兴未艾，感恩规划院的高端平台，感恩前辈们的无私相助……常念相助之人，不忘父母殷殷期盼，不忘妻女用心陪伴，不忘阅读最美时光，不忘锻炼最贵健康……我们的青春终将逝去，但职业生涯下半场同样精彩，只要在坚守初心中感恩前行，更加广阔的天地，就在脚下！

游泳比赛

尾声——致青春

心底里流出的歌

是一条温暖的河

年少时种下的梦

是我不变的选择

几多忧愁,几多欢乐

几多荣辱,几多坎坷

不必在人前絮絮说说

不必在角隅泪流成河

弯弯曲曲的人生路

潇洒地走一遭

酸甜苦辣的人生果

豪爽地尝一颗

任凭身心疲惫

我还是笔挺的我

任凭泪光闪烁

我还是执着的我

沟沟壑壑，难不住我

风风雨雨，阻不住我

条条框框，捆不住我

名名利利，降不住我

宁愿在荆棘中风化

不愿在炉火旁闲坐

宁愿在跋涉中憔悴

不愿在安逸中苟活

梦想一经选择

憧憬永驻心窝

再不回首反顾

我要奋力一搏

含着泪微笑

有一颗初心

永远伴我

……

9
以笔伐"疫",共克时艰
唐国议

新年伊始,一场突如其来的新冠肺炎疫情扰乱了人们的生活,牵动着每个中国人的心。疫情发生后,习近平总书记向全党全国人民发出了坚决打赢疫情防控阻击战的战斗号召。全国人民响应号召,万众一心,共赴时艰。没有硝烟的战场上,不仅是医护工作者在奋战,更是一场全民的战斗。领导带头、党员干部率先示范,医护人员、人民警察等冲在最前线,人民群众积极听从党和政府安排,举国上下团结一致,齐力同心,逆行而上,对疫情发起一场气势磅礴的阻击战。

在党中央、国务院的坚强有力决策部署和部党组的正确领导下,全国交通运输系统也坚定信心、同舟共济、科学防治、精准施策。为进一步加强舆论引导、织密群团纽带,保证党的声音及时抵至规划院全体干部职工,凝聚交通人齐心战"疫"的思想共识和精神力量,院团委、工会决定开展"以笔为援·共抗疫情"

主题书法作品征集活动，通过文学作品来凝聚人心、鼓舞士气，为坚决打赢这场疫情防控阻击战注入强大正能量。

凝心聚力、众志成城

征集活动发出后，规划院全体职工积极响应、广泛参与、踊跃投稿，以笔铸剑，以艺抗疫，在短时间内创作了一批满怀激情、鼓舞人心的作品。截至活动结束时，全院共征集117件作品，根据自愿原则分7期在交通运输规划青年公众号上刊登，同时部分优秀作品推送部"深学笃行新思想、青春建功新时代"青年大学习交流活动。活动征集期间，全院各级领导同事纷纷积极参与，迸发极大的创作热情，大家不拘泥于形式，从专业的宣纸到平常的笔记本，从规整的米字格到自由的白纸，从平仄押韵的诗词到鼓舞人心的口号，体现的都是规划院人与武汉、湖北人民共抗疫情的决心和对祖国的深切祝福。

精彩纷呈、百花齐放

本次征集的作品内容丰富，表现形式多样，以硬笔、软笔书法作品为主，包括楷书、行书、隶书、篆书等书体，还有书画、绘画、篆刻、海报等多种表现形式，充分展现了本院职工的多才多艺与创作热情。铅笔画、水墨画、水彩画，这一笔一画似一股股暖流，给人以砥砺前行的力量。古体诗、近体诗、词曲，这一字一句是一道道祝福，给人以战胜疫情的信心。规划院同志用不同的方法、多样的方式，表达对一线英雄们的敬意，传递着中国人同舟共济、共同抗疫的决心与力量，这些作品主题多样，既有对抗疫前线医护人员的赞美之情，也有对武汉人民在疫情面前英勇无惧的钦佩之情，既有身为交通人共同抗疫的决心，也有对全球人民共克时艰的美好祝愿。

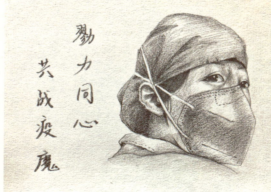 

表现形式多样的抗疫作品

紧跟时事、主题多样

本次抗疫书法征集活动紧跟时事,主题多样。三八国际妇女节110周年之际举办妇女节专辑,向全国女性同胞致以诚挚的问候,展示规划院女性同志才艺,与抗疫一线巾帼一起汇聚打赢疫情阻击战的巾帼力量。

部分女同志抗疫作品

3月,随着湖北和武汉的疫情防控形势积极向好,全国支援湖北医疗队有序撤离。对活动征集期间涌现出的大量优秀诗词形式作品进行整理,举办诗词专辑,以诗达意、以词传情,展示规划院同志文学风采。

院党委书记杨文银带头投稿参与活动,创作庚子春望(二首),与规划院同志一起等待春暖花开,疫情彻底退散,所有美好如期而至。

庚子春望(二首)

杨文银

窗外黄鹂戏柳丝,东来春气杏先知。
惜怜未解瞻荆楚,犹有深寒不肯辞。

折柳吹横曲,乌云锁楚关。
白衣无冕士,征战几时还?

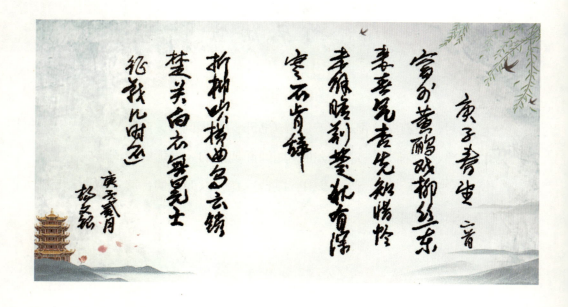

在听闻首批援鄂医疗队凯旋后，院团委书记宋彬森有感而发，创作七言绝句，歌颂在国家最需要，在湖北人民、武汉人民最需要的时候，深入一线，不惧危险，不辞劳苦，不畏艰辛的广大医务工作者。

闻首批援鄂医疗队凯旋
宋彬森

神来呻去犹曾记，
医到疫除大爱存。
樱落莺飞岁岁现，
离行挥泪更惜春。

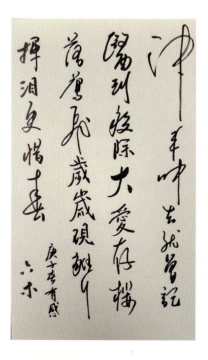

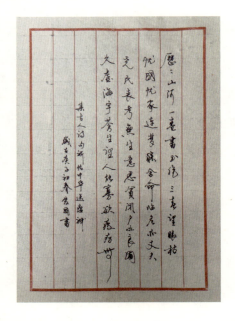

公路所党支部书记杨爱国,在疫情发生后,用笔墨书写下8位宋明两代古人诗句,祈天佑中华、送新冠瘟神。

集古人诗句祈天佑中华送瘟神
杨爱国

历历山河一卷书,

书绝三春望眼枯。

忧国忧家连梦寐,

舍命临危亦丈夫。

尧民丧考无生意,

忍贫闭户亦良图。

久虚海宇苍生望,

人能寡欲疫疠无。

4月4日庚子年清明节，五星红旗半垂，汽笛声与警报声响彻神州大地，习近平总书记等党和国家领导人同14亿中国人民一起默哀3分钟，深切悼念在抗击新冠肺炎疫情斗争中牺牲的烈士和同胞。生命重于泰山，人民高于一切，这样的信念，需要我们始终去坚守，不断用行动去诠释，用担当去守护。在抗疫前线，"逆行者"们依旧未曾松懈，本期抗疫书法作品展，表达对抗"疫"前线工作者的敬意，致敬英雄，缅怀同胞，讴歌奋战在疫情防控一线的最美中国人，用一幅幅作品承载满满的祝福。

意义重大、影响深远

新冠肺炎疫情是新中国成立以来在我国发生的传播速度最快、感染范围最广、防控难度最大的一次重大突发公共卫生事件。但这凶猛的疫病并没有击垮我们，正如数千年来，无数磨难从未击垮我们这个民族的脊梁。慎终追远，生生不息，在灾难中奋起，奋力夺取抗击疫情的胜利，共同创造更加美好的生活，是我们对英雄和逝者的最好告慰，也是对灾难和创痛的最好铭记。

此次"以笔为援·共抗疫情"主题书法作品征集活动，不仅是积极响应习近平总书记向全党全国人民发出的坚决打赢疫情防控阻击战的战斗号召，也是响应习近平总书记在北京市调研指导疫情防控工作时"要加强舆论引导工作"的指示，为打赢疫情防控阻击战提供有力舆论支持。在病毒面前，抗疫作品是匕首、是投枪、是刺向魔鬼的利剑;在同胞面前,它们则是堡垒、是长城、是凝聚人心的黏合剂。抗疫作品中表达出大家对战"疫"英雄们发自内心的讴歌和赞颂,和我们始终与一线工作者们同在的态度,也在为坚定打赢这场没有硝烟的战役的信心和决心助力,凝聚着人民群众抗击疫情的强大精神力量。

面对疫情,不是每一个人都能到达战场,但是每个普通人都能成为抗疫战士。以笔为援,我们在侧面战场上打响了抗击疫情的精神战"疫",在这个特殊时期,规划院职工拿起手中的笔,用心所做的这些作品,具有格外打动人心的魅力,我们坚信:春日暖阳终会驱散阴霾,疫情终将过去,胜利终属人民。

《致敬逆行者》党办务实

跋

这本书，

不是规划院的正史，

也不是规划院的光荣榜。

她印刻着规划院人的珍贵记忆，

她流淌着规划院发展的渊源血脉，

她书写着交通规划研究的代代传承。

受作者经历所限，抑或因时间久远而记忆模糊，字里行间难免有错误和不当之处；受编者水平所限，抑或因成书紧急而有所疏漏，组稿编排难免不全面不精准。敬请各位读者理解海涵、批评指正。

感谢关心支持交通运输规划事业发展的各级领导、各界专家和广大科研工作者。感谢各位作者对本书内容的贡献，感谢院党委办公室在征文、选编、图片收集等工作中的积极努力，感谢院财务处昝鸽对书名的书写，感谢出版社编辑们的辛勤工作！

《当时只道是寻常》编写组